企业管理中的法律风险及防范

何佳 ◎著

中国出版集团

中译出版社

图书在版编目（CIP）数据

企业管理中的法律风险及防范 / 何佳著. —— 北京：
中译出版社，2024.4
ISBN 978-7-5001-7852-1

Ⅰ.①企… Ⅱ.①何… Ⅲ.①企业管理－风险管理－
研究 Ⅳ.①F272.35

中国国家版本馆CIP数据核字（2024）第078805号

企业管理中的法律风险及防范
QIYE GUANLI ZHONG DE FALÜ FENGXIAN JI FANGFAN

著　　者：何　佳
策划编辑：于　宇
责任编辑：于　宇
文字编辑：田玉肖
营销编辑：马　萱　钟筏童
出版发行：中译出版社
地　　址：北京市西城区新街口外大街 28 号 102 号楼 4 层
电　　话：（010）68002494（编辑部）
邮　　编：100088
电子邮箱：book@ctph.com.cn
网　　址：http://www.ctph.com.cn

印　　刷：北京四海锦诚印刷技术有限公司
经　　销：新华书店
规　　格：710 mm×1000 mm　1/16
印　　张：13
字　　数：209 千字
版　　次：2024 年 4 月第 1 版
印　　次：2024 年 4 月第 1 次印刷

ISBN 978-7-5001-7852-1　　　　定价：68.00 元

前　言

　　企业作为社会经济活动的主体，在发展的过程中必然会面临各种法律风险，这些法律风险既包括传统的合同纠纷、劳动用工问题，也涉及当今数字化时代的互联网融资、知识产权等新兴领域。因此，对企业而言，理解并有效防范法律风险已经成为其可持续经营的关键因素之一。

　　本书分为七个章节：第一章深度解读企业法律风险，包括风险类型、建立法务制度与团队、构建法律风险管理体系以及法律风险防范原则与理念，为读者奠定全面法律管理基础；第二章聚焦企业融资，探讨各融资渠道、环境分析，详解民间融资和互联网融资的法律风险，提供实用防范措施，确保企业法律合规融资；第三章全面介绍企业财务管理，包含内容体系、程序与提升，深入分析财务法律风险分类与特征，提供实操防范策略，确保企业财务安全；第四章从合同管理原则出发，详细研究企业合同法律风险，提供类型与成因分析，并给出切实可行的合同法律风险防范策略，确保企业合同管理安全可靠；第五章深入探讨企业人力资源管理，包括战略规划、内容体系，分析人力资源法律风险及其表现，提供切实可行的防范措施，确保人力资源法律合规；第六章解读知识产权与管理，深入探讨知识产权管理模式、制度建设，分析企业知识产权法律风险原因，并提供有效防范措施，确保知识产权安全；第七章全面剖析企业生产经营中可能面临的法律风险，包括日常营运、劳务用工和第三方合作，提供切实可行的防范策略，确保企业运营合法合规。

　　本书从企业管理的不同维度出发，系统探讨各个方面的法律风险，并提出了相应的防范措施，旨在帮助企业管理者、法务团队以及关注企业法律事务的专业人士更全面地理解和应对法律风险。通过本书，读者将全面了解企业法律风险的复杂性和多样性，并得到在不同层面上防范这些风险的实用指导。

目　录

第一章 企业法律风险管理与防范基础

第一节 企业法律风险的解读

一、风险、法律风险与企业法律风险

风险的学理含义是关于不愿发生的事件发生的不确定性之客观体现。风险具有不以人的主观意志为转移的客观性，风险的本质属性在于其不确定性。可把"风险"定义为：在一定环境中和一定期限内客观存在着的，能够导致费用、损失与损害的，可以被人们认识和控制的不确定性。

法律风险作为诸多风险中的一种，是指在特定的法律规范体系管辖范围内，由于行为主体的作为或者不作为与相关法律规范存在差异，从而导致与行为主体所期望的目标相违背的不利后果发生的可能性。法律风险具有其风险因素的非规范性、风险是否爆发的非预期性以及风险后果的不确定性等特征。法律风险不同于法律责任，法律责任是行为主体由于不当行为或者由于法律规定而所应承担的不利法律后果；而法律风险中固然包含了法律责任之不利后果因素，但仅仅是此不利后果发生的一种可能性，而非其现实状态的呈现。不管是自然人还是法人、其他组织，都会面对一定的法律风险。法律风险的主体不同，直接影响着法律风险在涉及面、发生损失的概率、控制的需求之间存在一定的差异。

企业作为现代社会发展中的基本经济细胞，作为依法设立的从事经营性活动并具有独立或者相对独立的法律人格的组织，其营利性的属性总是与风险相随，而企业面对的各种风险归结到底必然呈现为法律风险。企业的建立、发展、壮大，其中每一个阶段每一个环节均存在不同程度的法律风险。企业不仅面临着外部法律风险，也面临着内部法律风险。在法治建设的大潮中，企业需要不断提升自身的法律意识，适应法治的大环境，同时亦需要认真对待自身内部的法律治理

需求，加强法律风险意识，健全法律风险防范体系，使得企业能够保持健康可持续发展。

二、现代企业法律风险防范体系的必要性

企业风险分为战略风险、财务风险、市场风险、运营风险、法律风险五个大类。这一企业风险的分类，对于全面分析现代企业所面临的法律风险和深刻理解健全企业法律风险防范体系的必要性具有重要的指导意义。"为保证国企长效发展战略规划的有效落实，增强企业综合竞争与发展的实力，企业应立足于自身发展需求，以法律风险管控为重点，构建健全的风险防控体系。"①

虽然法律风险仅是现代企业所面临的各类风险中的一种，但是法律风险往往贯穿于其他企业风险之中，成为其他任何一种风险的重要组成部分。例如，市场风险的存在迫使企业在签订合同前必须考虑一系列合同的履行、变更、解除等问题，以及反不正当竞争等问题。同时，企业法律风险常常是其他企业风险的表现形式，比如，市场风险可能会体现为与合作商的合同关系违约的法律风险。企业法律风险构成其他企业风险的极具权威性的最后解决途径。因为法律已经成为现代企业所面临的诸多纠纷解决的根本性途径，更是企业所面对的种种风险解决的权威性依据；只要某种企业风险所带来的不利后果涉及其他当事方，就往往需要从法律的层面来考虑其解决方案。由此可见，企业法律风险在企业所面临的诸多风险中占据着举足轻重的地位。在整个企业风险管理中，法律风险管理同样占据着极为重要的地位。

健全现代企业法律风险防范体系也有着强烈的现实需要。有效的企业法律风险防范，不仅有利于企业在面对诸多风险时做出正确的决策，提高企业应对能力，而且有利于企业实现经营目标，增加企业经济效益，促进整个国民经济的健康发展。尽管目前我国企业法律风险防范有了长足的进步，但是其发展很不平衡，尤其是企业在经营管理中还存在不少法律漏洞，存有产生诸多法律风险的隐患。

近年来，我国越来越多的企业在走向国际市场，其中有不少企业遭遇了商标

---

① 李宗泽. 国有企业法律风险防范体系的构建方法 [J]. 法制与社会，2020（32）：133.

被抢先注册的情形，导致企业遭受到巨大的经济损失和发展障碍，业界人士深刻指出其根源就在于这些企业的法律风险防范意识薄弱。在今天经济全球化、发展社会主义市场经济的大背景中，我国企业要做大做强，越来越需要强化其法律风险意识，健全企业法律风险防范体系。

三、现代企业法律风险防范体系的研究意义

虽然我国企业风险管理理论的发展及应用近些年有所发展，但仍然尚未形成一个有效的系统理论体系，未能深入应用到企业的管理体系当中。因此，如何建设一个科学合理的全面风险管理系统，已成为摆在我国企业面前亟待解决的课题。维持一个企业的健康发展，需要建立健全包括风险管理策略、风险理财措施、风险管理的组织职能体系、风险管理信息系统和内部控制系统在内的全面风险管理体系。鉴于企业法律风险防范在企业的全面风险管理中占有举足轻重的地位，研究企业法律风险防范体系有助于全面把握和健全某特定企业的法律风险防范体系，从而有效地推进该企业全面风险管理体系的健全。

在经济全球化进程不断加速的趋势之下，我国企业所面临的不确定性因素日益增多，其遭遇的风险也在不断增加，特别是在当今全球金融危机四伏的大背景中，企业风险管理正在引起有关方面越来越多的关注。由此，如何建设一个科学、合理、有效的全面风险管理系统，成为我国国有企业必须认真对待和亟须解决的重要课题。因此，在全球金融危机四处蔓延，国际经济形势日趋严峻的情况下，无论是在保持我国国内经济稳定、可持续发展方面，还是在我国现代企业自身发展方面，研究现代企业法律风险防范体系都具有重要的现实意义。

在当今经济全球化的时代，企业发展的业务拓展与空间延伸已经成为大势所趋，我国现代企业也宜顺应这一国际化的趋势，尤其需要对自身所处的外部法律环境和内部法律环境进行全面审视，认真评估运营中每一个环节所存在的法律风险，确定法律风险防范策略，制订法律风险解决方案，完善法律风险管理监督。要做到这些，一项前提性、基础性的工作就是必须深入研究现代企业的法律风险防范体系，方能为我国现代企业的发展提供有力的法律风险防范保障。

四、现代企业法律风险的特征、类型与防范流程

（一）现代企业法律风险的特征

1. 专业性

法律人具有的是技术理性，而普通人具有的是自然理性，对法律的这种认识有赖于在长年的研究和经验中获得。可以说，法律的专业性决定了企业法律风险也具有较强的专业性。

（1）法律风险识别具有专业性。要判断企业的某种行为是否具有法律风险及其程度轻重，需要识别者具备对相关法律的把握能力，而此种能力来自一定的法律知识素养与法律实践经验，这不是随便哪个人就能具备的。

（2）法律风险应对方案具有专业性。在识别出企业的法律风险之后，就需要及时采取应对方案予以有效解决。而企业法律风险应对具有很强的专业性要求，一旦法律风险应对方案设计得不合理、不专业，不仅可能无助于既有问题的解决，而且还可能给企业带来更多的问题和更严重的隐患。

（3）法律风险防范同样具有专业性。企业法律风险防范是一项专业性很强的工作，围绕企业法律风险防范的方案与措施需要从法律角度考虑问题。

2. 风险范围的有限性，具有可认知性

企业法律风险的产生与企业相关的法律规范相连，法律本身的明确性与稳定性为企业预测法律风险所带来的不利后果或者损失提供了可能。这种特性使得企业法律风险在产生之初是可以被认知的。因此，与自然风险、商业风险不同，企业法律风险主要是在相关法律的有限范围之内，具有一定的可认知性。

但是，由于法律本身的复杂性和法律风险识别的主观性，以及不同法律风险之间的相互影响，企业法律风险的范围呈现出一定的弹性，其可认知性具有操作上的复杂性。由于法律规范体系本身就分为不同的层级，而且目前的许多部门立法都在试图扩大自己一方的权利，因而造成某些法律规定之间存在冲突，令企业在判断法律风险时无所适从。不少企业并不是没有进行法律风险认知和控制，而是由于多个法律风险的相互影响改变了企业对法律风险的最初认知。

3. 损失的不可估量性与不可投保性

在很大程度上，法律风险会给企业带来难以估算的损失。当法律风险产生实际损害时，不管企业能够从承担法律风险的经营活动中获得多少利益，这些利益都显得无关紧要了，因为企业法律风险的损害后果超过任何一种企业面临的其他风险。

企业法律风险所带来的损失的不可估量性决定了其不能通过保险来转嫁风险。避免风险的有效方式是通过购买保险的方式将风险转嫁给保险公司，再由保险公司将所投保的风险转嫁给具有同样风险的投保人群，以实现风险损失结果的分散。而风险的可投保性需要可保风险具备纯粹性、偶然性、意外性、普遍可能性以及损失的可预测性等条件。这些条件是企业法律风险所不具备的。

（二）现代企业法律风险的类型

现代企业法律风险防范是现代企业全面风险管理之中的重要内容。企业全面风险管理的有效实施需要企业法律风险防范的强有力支撑。为更深入地理解和把握现代企业法律风险防范的内涵与属性，有必要从分类的意义上来分析其类型问题。

1. 企业内部法律风险与企业外部法律风险

根据引发企业法律风险的因素来源，企业法律风险可以分为企业内部法律风险与企业外部法律风险。企业内部法律风险是指因企业自身内部的管理、经营决策和行为等因素引发的法律风险；企业外部法律风险是指由企业之外的社会环境、政策环境、法律环境等因素导致的法律风险。

对于企业内部法律风险，企业一般可以直接通过调整自身行为来适当改变此类法律风险的形成因素，进而改变法律风险本身的发生机制。从企业运营的实践情况看，企业内部法律风险构成了企业法律风险的重点内容，也是企业所面临的最为普遍的一种法律风险。

企业外部法律风险源自企业本身所无法控制的外部环境，所以，这就需要企业调整自身行为以适应诸多外部因素，这种法律风险具有很大的必然性，是企业运行过程中所不可避免的。尽管企业不能从根本上杜绝这类法律风险的产生，但是通过对外部因素的了解，有助于企业改变法律风险的表现形式以及损害程度，进而使得企业不断适应外部环境的变化，降低此类法律风险发生的概率和损害程度。

企业外部法律风险与企业内部法律风险的准确区分并不是一件容易的事情。因为任何一个法律风险的发生都会有企业行为参与其中，这是企业参与法律实施活动的必然；同时外部环境的影响在企业的所有法律风险中也都不同程度地存在着，这涉及外部环境对企业行为的评价问题。一般而言，在企业通过自身行为调整无法改变法律风险时，或者当企业行为不能够根据企业自身意志进行调整时，产生法律风险的原因便可判定为是由外部环境造成的。及时有效地辨识企业外部法律风险与企业内部法律风险，能够使企业更加理性地选择应对法律风险的方案与措施。

2. 显性企业法律风险与隐性企业法律风险

依据企业法律风险对于不利后果产生的影响，企业法律风险可分为显性企业法律风险与隐性企业法律风险。

显性企业法律风险是指企业能够清楚认识到法律不利后果发生程度的法律风险。不需要须法律专业人士介入而通过科学手段进行适当分析就能发现，企业能够针对这种法律风险采取积极手段进行处理，即使有时企业无法自行处理此种法律风险，也可聘请专业律师予以辅助处理。违法风险是比较常见的显性企业法律风险。

隐性企业法律风险是指企业无法认识到隐蔽的法律不利后果，不能准确判断对企业的影响程度，需要通过专业分析方能认知的法律风险。由于隐性企业法律风险缺乏明确的表现形式，对于不利后果的产生难以直接判断，需要专业人士的分析才能确定法律风险的存在及其影响力的大小。企业应当通过法律顾问处理和解决隐性法律风险。

显性企业法律风险与隐性企业法律风险的区分具有相对性，隐性企业法律风险若不妥善处理，很有可能演变成显性法律风险。这种企业法律风险的区分取决于企业经营者以及法律风险管理者对于企业法律风险的认知程度。

3. 刑事法律风险、民商事法律风险和行政法律风险

从法律关系的视角看，企业法律风险可分为刑事法律风险、民商事法律风险

和行政法律风险。刑事法律风险是指企业因其行为触犯刑事法律构成犯罪而需要承担刑事法律责任的法律风险；民商事法律风险是指企业因其行为的不规范而需要承担民商事法律责任的法律风险；行政法律风险是指企业因其行为的不规范而需要承担行政法律责任的法律风险。

刑事法律风险由于企业犯罪多为法定犯而非自然犯、空白罪状及所援引行政法规的经常变动性等原因，而在罪与非罪、此罪与彼罪、一罪与数罪的问题上不易为企业所察觉和判断。所以，自觉防范刑事法律风险实属不易。刑事法律风险是企业运营过程中最致命的法律风险，其对企业的生存发展能产生异常巨大的冲击力和破坏力。目前，在我国很多企业中，不少企业家及高管尚未充分意识到防范刑事法律风险的紧迫性，即使聘请律师进行防控，也只是聘请一些经济法业务较强但缺乏刑事出庭经验的律师，这实际上难以发挥防范刑事法律风险的作用。在一些法治水平较高的国家，不少企业都聘请刑事辩护经验丰富的律师，充分发挥他们的职业敏感性，以便及时察觉并防范企业的刑事法律风险。

民商事法律风险是企业最为常见的法律风险，具体包括企业与股东之间、股东之间、劳资双方之间的各类权利义务纠纷的内部民商事法律风险，以及企业对外进行各种经济交往过程中给企业带来不利后果的外部民商事法律风险。企业内部民商事法律风险的危害性在于会增加企业的内耗，影响企业对外形象。企业外部民商事法律风险产生的主要原因之一是忽视合同管理，次要原因是企业不当行为引发的侵权财产责任。

（三）现代企业法律风险的防范流程

虽然由于企业法律风险防范流程起止点设置不同或者环节划分粗细程度存在差异，导致人们对企业法律风险防范流程的表述不同，但是这一流程至少包括风险识别、风险评估和风险控制三个关键环节。

1. 风险识别

企业法律风险识别是指通过法律专业机构定期或不定期地对企业的业务进行审查，指出存在的法律问题，预测潜在的法律风险，提出排除法律风险方案的活动。企业法律风险识别的一般步骤是：①听取企业的介绍；②审查企业提供的资料；③必要时到有关部门调查；④出具法律审查报告；⑤与企业共同采取排除法律风险的措施。

企业法律风险识别的内容包括：①企业主体资格状况（企业是否合法成立，企业法人资格是否存在瑕疵等）；②对外投资及分支机构的状况（投资手续是否完备合法，与子公司间的关联交易是否合法等）；③企业的经营状况（企业高管的任职及其行为有无违法，是否存有超范围经营，是否证照齐全等）；④企业的财产状况（企业的财产权取得程序是否合法，所有权属证书是否完备、合法及有效等）；⑤知识产权状况（知识产权取得、相关合同是否合法，所有权属证书是否完备、有效等）；⑥纳税情况（企业适用的税率是否正确，是否存在偷税漏税现象）；⑦合同（内容是否合法，履行状况是否良好）；⑧对外担保状况；⑨债权债务状况；⑩有无诉讼或仲裁案件、行政违法行为等情况。

2. 风险评估

企业法律风险评估是企业法律风险防范的关键环节，其主要工作就是对已经识别出来的企业法律风险进行准确的定性与定量分析，从而评定法律风险等级，为企业法律风险防控方案的制订提供依据。

企业法律风险评估一般是以法律风险评估报告的形式予以体现的。企业法律风险评估报告包括评估报告目录、责任声明、报告内容说明、工作情况描述、企业法律风险现状描述、法律风险点描述、法律风险的评价方法和法律风险的评估结论等内容。

3. 风险控制

企业针对所存在的法律风险点及法律风险高发环节，制定相应的控制防范对策，常见的风险处理方法包括风险回避、风险分摊、风险转移等，通过加强宣传、培训、检查、述职、追责工作，使企业法律风险防范工作落到实处，防止法律风险演变为实际危害。

第二节　企业法务制度与团队建设

市场经济是依托于法治建立的经济环境与经济模式，随着我国社会主义市场经济体制及社会主义法治建设的不断发展与完善，我国社会经济发展与法治建设的联系也日趋紧密。法律与企业经营的关系越来越密切，合法经营是每个企业必须遵循的基本原则。在此时代背景之下，不断发展变化的市场环境在给中小企业带来机遇的同时，也带来了风险。

一、企业法务制度建设的必要性

提及风险，很多中小企业经营者先想到的是商业风险，却忽略了法律风险。这跟许多中小企业只关注企业发展而忽视企业管理有关，它们普遍缺少法律风险防范意识。很多企业经营者只有在产生纠纷或收到法院传票时，才会想到找外部律师帮助解决，风险意识强一些的经营者也只会在重大项目的合同处理上寻求外部律师帮助。而诉讼风险和合同风险仅仅是企业经营中可能面临的众多法律风险的一部分。

企业须非常重视法律风险，因为任何企业经营风险的结果最终都在法律的规定下出现，并通过权利义务的产生、变更及终止体现出来。如果不能及时、有效地识别法律风险并加以防范，可能会对企业造成严重的后果，不仅包括经营性的损失，比如，利润损失、成本增加、经济赔偿等，还可能包括行政处罚，比如，行政罚款、停业整顿、吊销营业执照等。企业法务工作的宗旨就是防范及化解法律风险，实现企业利益的最大化。因此，建立起企业法务团队及相关制度，才能构建一套企业法律风险防御体系，在实现企业利益最大化的同时，避免企业陷入不利和被动局面的法律风险。

二、企业法务团队的选择

（一）外部律师与企业法务的优势

1. 企业法务的优势

（1）介入企业事务更为及时、迅速。外部律师可以同时为多个企业或个人提供法律服务，而企业法务只为其所在的企业服务，所以，企业法务有充分的时间和精力为企业提供法律服务，在企业产生法律风险的时候能够第一时间介入处理。同时，因为企业法务每天在企业工作，熟悉企业的各项业务及经营情况，更容易发现企业的潜在法务问题，能及时解决，防患于未然。

（2）为企业提供的服务更为全面。外部律师是纯粹的法律工作者，他们的工作重点是解决已经产生的或预计将要产生的现实问题。而企业法务除了提供法律服务外，实际上还承担着一部分企业管理职责。处理完纠纷、诉讼或仲裁等法律事务，外部律师的工作就基本结束了。但企业法务还需要从公司管理制度、业务操作流程上对产生纠纷、诉讼或仲裁的原因进行分析总结，查漏补缺，向管理层提出改进建议，避免类似问题再次发生。除了处理诉讼纠纷之外，企业法务还需要处理企业的合同草拟及审核、知识产权及商业秘密的保护、企业重大商业谈判、企业重大项目业务模型的搭建、企业对外宣传稿件的合法审查、企业章程及决议的拟定、企业内部各项规章制度的拟定等方面的法律事务。

（3）企业对其管理手段更为丰富有效。企业对外部律师的约束仅限于双方签署的服务合同，并且很难衡量服务质量的好坏，主要依赖于外部律师本身的专业能力、职业道德及自我约束。而企业法务属于企业的员工，因此，企业对其的管理手段更为丰富，也更为有效。比如，绩效考核、工资调整职位升降，甚至解除劳动合同关系等，都能很好地约束企业法务，鼓励他们更好地为公司服务。

2. 外部律师的优势

（1）在单项法律专业知识上更专业。外部律师事务所的外部律师通常术业有专攻，每个外部律师都有各自擅长的法律领域，对于单项的法律规定钻研更深入，掌握得更全面、更透彻。

（2）诉讼经验更为丰富。外部律师不像公司法务只为一家企业服务，而是同时为多家企业提供法律服务，代理企业处理的诉讼案件无论是案件数量还是案件类型通常比企业法务处理的多很多，因此，外部律师积累的诉讼经验更为丰富。

（3）法律知识更新更快。外部律师工作机制灵活，外部交流机会多，法律资源更为丰富，因此，能更快地了解、掌握各方面不断更新的法律法规、判例、观点及法律资讯。

（二）建立法务团队须考虑的因素

要设置适合本企业的法律服务团队，大致需要综合考虑以下因素。

第一，企业的发展阶段。如果企业处于快速成长扩张阶段，企业合作伙伴及业务模式越来越多元化，业务规模也越来越大，就需要设置专职的法务人员，以便对业务模式的合法合规、新合作伙伴的尽职调查、企业内部审批流程等方面及时进行法律风险上的把控。

第二，业务数量及复杂程度。在企业发展初期，业务规模比较小，并且业务模式比较单一、固定，可以聘请外部律师兼任企业法律顾问，阶段性地对企业法律风险进行梳理及回顾，针对主营业务拟定公司标准合同文本供公司参照使用。

第三，近几年签订的合同和文件数量、种类及增长趋势。如果企业近几年签订的合同及其他法律文件的数量急剧增长，合同类型越来越广，且多数情况是使用合作方提供的合同文本，就有必要设置专职的法务人员对合同风险进行把关。

三、企业法务制度有效运作方法

（一）建立高质量的法务团队

一个优秀的企业法务应具备以下能力及素质。

1. 思想过硬

思想过硬就是具备良好的职业道德和职业操守。企业法务必须守住底线，守住法律红线，保证企业合法经营，也是对企业及企业负责人最大的保护。企业法务因为参与企业经营管理，掌握很多企业的商业秘密，必须严格保守企业秘密。

2. 思维开放

丰富的经验对一名优秀的企业法务固然非常重要，但同时也应具备开放的思维，每个项目都当作新的项目来办，不囿于以往经验，不断改进完善。在业务上，虚心向业务人员了解业务知识，与业务人员充分沟通，积极了解本企业最新的业务动向。在法律专业上，我国的法律不断地推陈出新，法务人员需要积极主动学习、掌握影响企业的新的法律法规和政策，更新自己的专业知识结构；积极参加法律培训及研讨活动，多与同行沟通交流，互相取经。

3. 技能全面

（1）优秀的企业法务，法律专业知识要全面，不论是民法通则、合同法、公司法、劳动合同法、著作权法、商标法、广告法、消费者权益保护法、民事诉讼法，还是刑法、反不正当竞争法、证券法，以及其他行政法规、地方性法规、部门规章和相关司法解释等，都需要有一定的了解和掌握。

（2）优秀的企业法务，除了法律功底扎实之外，还需要熟悉所在企业的各项业务，具备基本的商业逻辑，能够在法律专业知识的指导下，结合企业的业务情况来分析风险，遇到问题时须尽可能地找出既切合企业实际情况，又能降低法律风险的解决方案。

（3）优秀的企业法务，需要具备良好的文字表达能力及口头表达能力。法务团队人员之间能够各有专长，互补短处。既有人员擅长拟定审查合同及各项法律文件、规章制度，提出书面的法律建议，也有人员擅长商业谈判、纠纷及诉讼或仲裁处理，法律培训。

（二）建立考核机制及奖惩机制

企业法务的考核及激励机制应当与业务的考核及激励机制有一定的关联性，尤其是在重大项目的考核方面。简言之，假设项目进展顺利，经营目标实现，如果企业对业务部门进行奖励，则同样需要对参与该项目的法务进行奖励；如果项目失败的原因是重大法律风险未被识别，则参与该项目的法务应该受到处罚；如果项目失败的原因是业务负责人不重视法务提示的法律风险，则业务负责人应该受到处罚。如果对法务人员只有处罚而没有奖励，也不利于充分调动法务人员的工作积极性和创造性，工作表现从"不失职"到"优秀"需要一定的激励手段。实际企业经营过程中情况要复杂很多，如何设置合理的考核机制及奖惩机制，要结合各企业的实际情况而定。总之，权责与收益相当才能有效激发法务人员的主观能动性。

（三）提升企业法务地位及话语权

企业法务与外部律师的区别之一是企业法务要承担一定的企业管理职责。要想企业各部门提升法律意识，重视法务提出的意见和建议，有必要将法务负责人提升到公司管理层的高度，设立企业总法律顾问或类似的岗位，直接向公司总经理汇报工作。无论企业发展处于筹备期、新设立期、快速扩张期还是稳定成长期，都无法避免以各种形式出现的法律风险。这些风险不可小觑，如果处理不当则有可能让企业遭受重大损失，导致经营困难，甚至破产。借助法律专业人士的力量，将企业法务引入企业管理，建立起合理的企业法务制度，并使之有效运作，使企业能够及时识别和防范法律风险，极大地降低风险发生概率，提前做好应对风险的处理预案。

运作良好的企业法务制度是为企业保驾护航的重要利器。希望各企业都能重视法律风险，尊重法律规则，提升企业的管理水平，在社会主义法制经济的框架下，实现企业利益的最大化。

第三节　企业法律风险管理体系的构建

随着全球商业环境的不断变化和法规的日益繁杂，企业不得不面对各种潜在的法律风险，这些风险可能来自市场竞争、合同履行、劳动法规、知识产权、环境法规等多个方面。"在依法治国的视阈下，企业结合自身情况构建完善的法律风险管理体系，并落实体系内容于实践，是促进企业稳定发展的关键。"[①]

企业法律风险管理体系的构建需要从内部组织结构入手。企业应当建立起一支专业的法务团队，以便在日常经营中提供法律咨询、合同审查、纠纷解决等服务。这个团队不仅要了解企业的业务运作，还要紧密关注法规的更新和变化，及时调整企业的经营策略，以规避潜在的法律风险。此外，法务团队还应该与企业的其他部门保持良好的沟通和合作，确保法律合规的意识贯穿于整个企业。

建立法律培训机制是构建法律风险管理体系的另一个重要方面。企业员工作为企业的重要资源，他们的行为和决策直接关系到企业的合规性。因此，通过定期的法律培训，可以提高员工对法规的认知水平，使其在工作中更加注重法律合规，减少因为不了解法规而导致的风险。法律培训不仅包括基础法律知识的传授，还需要根据企业的实际情况，提供具体的案例分析和操作指南，以便员工在实际工作中能够灵活运用法律知识。

建立合规审查机制也是构建法律风险管理体系的一项重要工作。企业的日常

---

① 汉井文. 浅析我国企业法律风险管理与体系构建 [J]. 公关世界, 2020 (10)：91.

经营会涉及大量的合同和协议，而这些文件往往涉及法律责任和义务。因此，通过建立合规审查机制，可以在签署合同之前对其进行全面审查，确保合同的内容符合法规要求，从而避免因为合同纠纷而导致的法律风险。合规审查不仅仅限于合同，还包括企业的广告、宣传材料等各个方面，以确保企业在市场竞争中不因违法行为而受到处罚。

建立风险预警机制也是企业法律风险管理体系的关键环节。随着市场环境的不断变化，法规和政策也可能发生调整，因此，企业需要建立一个灵敏的风险预警机制，及时了解和评估潜在的法律风险。这需要企业与法律服务机构、行业协会等建立密切的合作关系，获取最新的法律信息和市场动态。同时，企业还应该建立内部的风险评估团队，通过对企业经营活动的全面分析，及时识别潜在的法律风险点，采取相应的措施进行防范和化解。

建立完善的法律合规文化是企业法律风险管理体系的基础。企业要通过制定明确的法律合规政策和守则，强调法律合规的重要性，并将其融入企业文化中。只有当企业的员工都深刻理解并自觉遵守法规时，企业才能在竞争激烈的市场中立于不败之地。

企业法律风险管理体系的构建是一个系统工程，需要从内部组织结构、员工培训、合规审查、风险预警、法律合规文化等多个方面综合考虑。只有通过全面而有力的法律风险管理体系，企业才能在不断变化的商业环境中稳健前行，确保经营活动的合法性和可持续性。

第四节　企业法律风险防范的原则与理念

一、企业法律风险防范的原则

（一）择优原则

在企业法律风险被识别出来之后，是否需要采取措施以及如何采取措施有些时候并不是一个容易回答的问题。因为一项决策的做出会受到信息量、客观环境等因素的制约和影响，人们需要在风险与收益、理想与现实之间做出选择。营利是企业追求的基本目标，企业一般仅在有营利的可能时才会去考虑风险，仅有法律风险而没有营利的行为在一般情况下不会有企业愿意尝试。

在很多情形下，风险与营利并存，甚至两者间存在一定的正比关系，企业在面临较大风险时，也恰恰意味着具有较大获利的可能性。企业应对同一个法律风险的方式常常有多种，具体会采用哪一种方式需要依据企业的目标、条件的限制、成本、效率等多方面因素进行综合考虑。而某些法律风险本身也需要企业同时采取多种方式予以应对。择优原则意味着企业需要充分利用现有资源去更有效地应对法律风险，不同的法律风险应当采取不同的应对方式。

（二）事前控制原则

事前控制原则意指把防范企业法律风险的过程前置，从传统上的事前一般性控制甚至不控制转变为以事前控制为主，也就是在行为开始之前预见诸多可能产生的法律风险，并在实施方案之中预先安排防范的手段。这一原则贯穿于企业法律风险防范的全过程，充分体现了法律风险防范的旨趣，即积极识别风险、分析风险成因、及时发现风险并采取相应的对策。

（三）谨慎适度原则

谨慎适度原则是坚持企业尽可能全面、细致地预见和把握每一个可能给企业带来损失和不确定性的法律风险，并在设计应对手段时考虑到各种可能性，尽最大可能做到防微杜渐、明察秋毫，避免因未能预见而遭受的不利后果，但同时法律风险防范也要有适度的灵活性和弹性。这是因为企业的具体行为、法律环境中都存在着诸多不确定性，这些不确定性均会给企业所追求的目标带来干扰，甚至阻碍企业目标的实现。

鉴于企业所面临的诸多不确定性，企业必须以谨慎的态度面对各种产生不利后果的可能性。而之所以同时要保持适度的弹性，是因为企业法律风险防范需要花费企业大量的人力、物力、财力成本，这种成本的付出必须考虑企业自身的可承担能力，避免出现因花费成本过大而超过企业承担能力的情形。因此，法律风险防范需要企业把握时机、选择适当的机会进行企业决策调整。为了确保企业目标的实现，法律风险防范并不意味着要对企业的生产经营活动进行事无巨细的干预，只要保证与企业运营决策的方向性保持一致即可。

（四）适时主动原则

所谓适时主动原则是指针对企业的各种行为，应当及时、积极主动地从法律风险维度搜集信息、考虑问题、选择应对方案，而不能满足于仅为完成一项工作，采取简单的方法加以处理了事，等再出现法律风险问题时再应对。因为法律风险伴随着企业的生产经营活动而不断变化，不同的环境和行为会有不同的法律风险，即使是同一交易伙伴之间的交易，由于环境的变化也会出现不同的法律风险。法律风险防范应当是对企业运营活动及其风险征兆的适时主动监控。在一般性的法律事务管理中，预见法律风险仅仅是一种附带的工作，而在法律风险防范中，对于法律风险的预见是一种常态性的、目的明确的法律事务工作。

适时主动原则的要点是那些极有可能造成损失的法律风险。比如，在常规的合同审查活动中，主要关注的是合同的明确性和较为粗放的违约等不利后果。而对于在质量、数量、交货日期等某一方面若是出现问题将会产生何种不利后果，以及如何处理此类后果等的关注，才是法律风险防范所要做的事情。

二、企业法律风险防范的理念

（一）诚实信用意识

诚实信用意识就是讲诚实守信用的意识。诚信是社会认同的心理基础、情感基础和文化基础。从法律文化和法律理念的意义上讲，诚实信用意识不仅关系着人们日常生活的有序合理、有效便捷，而且关系到法治国家构建、市场经济发展和企业运营的状况。

诚信不仅是人们基本的道德观念和伦理原则，而且是构建和谐社会的宝贵精神资源，也是和谐社会理想状态的一种表征。人与人之间诚实守信是形成良好稳定的人际关系、社会关系的基础，是人与人在经济、政治、文化、社会生活等领域形成稳定合作关系的基础。唯有在诚信的基础上，人与人之间才能真诚相待，坦然相处，友爱互助，才能建立起良好、和谐的人际关系。正是依赖彼此之间的诚实信用，人们才对经济交易、契约行为、未来规划等有合理的预期和信心，才能摆脱社会关系中的偶然性、任意性因素的困扰而从容地进行交往活动，才能不断增进理解、促进合作。

在如今这个信息化、网络化的社会，企业的诚信意识更加直接地与企业的信誉、形象、运营状况联系在一起。凡是具有长远眼光的企业都会非常重视诚实信用意识的塑造。企业的诚信意识不仅表现在企业经营中的严格履约守约方面，而且体现在企业自身的管理中也要确立诚信理念。企业诚实信用意识的培养应该成为对企业的整体性要求，也就是要把企业的全部行为都纳入诚信评价体系之中进行评估。这是企业法律风险防范的内在基本要求。

（二）契约精神

所谓契约精神是指在商品经济社会中派生的契约关系与内在的原则，是一种自由平等、合作守信的精神。契约精神包含两个层面：①私人契约精神，在商品社会，私人交易之间的契约精神对商品经济的发展有着至关重要的作用；②社会契约精神，这种起源于西方资产阶级革命时期的古典自然法学派所持的学说，对西方的民主、自由、法治的形成产生了深远影响。

现代企业在一定意义上可被视为契约的产物。在企业内部关系上，企业与投资者、企业家与雇员之间的关系属于私法上的契约关系；在企业外部关系上，企业与工商税务部门的关系属于公法上的契约关系。契约精神在现代企业法律风险防范中主要体现为自由平等精神、权利与合作意识。

自由平等精神意味着契约当事方的企业之间主体地位平等、意志自由，根据法律必须确保其在经济交往中主体地位的平等和意志自由，排除胁迫、欺诈、权力的不当干预和超经济强制。权利与合作意识是一种规则意识与法律意识，企业需要依据法律所规定的权利主体的资格和权利行使的范围、程序，确认和保障权利。市场经济是多元化的利益主体通过公平的市场获取利益的经济运行机制，利益的多样化必然引起经济利益的交叉、重叠和冲突，因而需要一定的原则、准则对不同的利益进行衡量、选择和确认，需要通过程序来形成关于利益选择和决定的原则或准则。契约达成之时，就是忠实地践行诺言之始；享受权利的同时，必须履行义务；收获利益的另一面，就是要承担风险。契约精神考验着置身于契约关系中的每位社会成员，也考验着契约关系中的政府、企业和其他组织机构。

坚持契约精神既有利于防范企业内部法律风险，还有利于防范企业外部法律风险；不仅对于企业自身的运营，而且对于企业在整个市场经济大潮中的竞争，都有着极为重要的意义。

（三）社会责任理念

企业社会责任是指企业在追求自身利润的同时所担负的维护和增进社会利益的义务，其中特别强调企业对消费者、社会和环境的贡献。企业社会责任包括道义责任和法律责任两个层面。

企业在性质上是契约性组织，企业是一组契约关系的连接点，是各种利益相关者的合同之网，企业因此成为各种利益相关者合作与冲突的交汇点，不同的利益相关者有权根据自身所投入的生产要素的重要性以及要素所有者在企业中承担的风险获得相应的企业利益。企业契约主体包括各种生产要素投入者，如投入人力的企业职员、投入货币资本的股东和债权人、提供原材料的供货商、购买和消费企业产品的消费者、为企业提供基本生产经营条件和环境的社区和政府等。由此可以看出，企业作为社会经济环境的组成部分在根本上无法独立自足，必须依赖外部环境获取必要的资源，如资本、劳动力、原材料、信息、消费市场、社会和政治支持或合法性支持等，不同参与者根据自身对企业存续成功的不同程度的贡献而获得影响和控制能力。企业会面临各种利益相关者的外部压力，它必须做出一定的反应，这就要求企业必须对股东和利益相关者承担社会责任。

企业需要秉持社会责任理念，主要是考虑到现代社会对企业的定位已经由单纯追求利润的营利组织发展为履行社会责任的企业公民，担负更多的社会责任已成为现代社会对企业的基本要求。目前，我国的一些企业只顾追求自身利益，对自身利益之外的社会责任置之不理，未能承担起其作为一个现代企业所应当承担的社会责任。对此，强调企业的社会责任理念显得尤为重要与迫切。从企业的可持续发展看，企业员工的权益保障、工作环境的健康与安全等问题都是企业义不容辞的社会责任。就回报社会而言，现代企业不仅不能生产假冒伪劣产品危害社会，而且还要自觉加强自身产品的服务意识，甚至有时企业要有为了社会整体利益而牺牲自身一定利益的境界。

第二章 企业融资管理及其法律风险防范

第一节 企业融资的渠道与环境分析

一、企业融资的渠道

（一）国家财政资金

所谓国家财政资金是指以国家财政拨款的方式投注到企业中的资金。在改革开放之前，国家的投资主要集中在国有企业。目前，针对我国国有企业的国家拨款以及各类流动基金已经建立了固定的基金体系，这些固定基金的资金来源主要是企业投产后的利润。同时，国家财政和企业主管部门还向企业拨发专项款项。随着我国市场经济的不断发展，财政资金在企业融资中所占比例逐渐减小。然而，在一些基础性和公益性产业方面，国家财政资金仍然是企业获取资金的重要渠道。

（二）银行信贷资金

各类企业在资金融通的过程中，主要通过银行进行贷款。目前，主要有两类银行提供贷款：一类是商业银行；另一类是政策性银行。商业银行包括中国工商银行、中国农业银行、中国建设银行以及中国银行等国有控股银行，同时还包括一些全国性和地方性的商业银行，如交通银行、华夏银行以及民生银行等。这些银行根据一定的原则为各类企业提供长期或短期的贷款。政策性银行主要包括中国农业发展银行、中国进出口银行等，它们的主要目的是为特定企业提供政策性贷款。

（三）非银行金融机构资金

非银行金融机构主要承担的是证券承销的角色，包括信托公司、租赁公司、保险公司、证券公司以及企业集团的财务公司等。它们的存在旨在实现特定目标或进行融资和融物的过程，从而将资金集中。这些机构通过各种途径和方式为企业提供直接或间接的资金和融资服务。尽管在财力方面这些融资渠道不如银行庞大，但它们在资金供应方面表现得非常灵活多变，具有广泛的发展潜力。

（四）企业自留资金

企业的自留资金是指企业内部积累的资金，即在企业获得利润后，将其作为经营成本积累的资金，主要包括公积金和未分配利润。此外，企业还可以通过计提折旧费形成折旧基金、处理经常性延期支付款项等方式获取资金。在生产经营过程中，由于资本运动规律和市场情况变化，企业往往会有部分资本暂时或长期闲置，例如，固定资产在重置前已提取的折旧基金和未使用的留存利润等，这些资本可以通过有偿调剂在企业之间进行转移。调剂方式多种多样，包括入股、发行债券、拆借以及各种商业信用。随着市场经济的不断发展，这种融资渠道变得越来越畅通，同时具有强大的生命力。

（五）居民闲置资金

由于过去的投资项目较为有限，且存在较高的风险，因此，许多人选择将手头闲置的资金投入银行，通过银行将资金提供给需求者。然而，随着投资项目的增多和风险承担能力的提高，银行存款利率持续下降，社会各界开始采用股票、债券以及基金等直接融资方式进行投资。这种做法将社会中闲置的资金集中起来，用于支持企业的生产经营，对企业而言，已成为一种日益重要的融资途径。

（六）境外资金

随着改革开放的不断推进，我国不断吸引外国资金，其流入频率和规模逐年增加。一些国内企业可通过利用外资弥补资金缺口，进而实现企业资金积累，从而推动经济的发展。从资金来源的角度来看，境外资金主要包括外国政府贷款、国际金融组织贷款以及境外民间资金等。目前，我国已批准中外合资经营企业、中外合作经营企业以及外商独资企业进行资金融通，每年通过外商直接投资的金额已达上千亿美元。同时，通过补偿贸易、出口信贷、国际资本信贷和项目融资等方式引入境外资金。

二、企业融资环境分析

企业在融资的过程中，很多因素都会对企业的融资活动产生一定的影响，同时在这些因素中，包括了企业的内部因素以及企业的外部因素。企业的内部因素是由企业所控制的，它们构成了企业融资活动的可控环境。此外，企业的外部因素是不可控的，属于企业以外的因素。对于企业融资的环境因素主要还是外部因素，具有不可控性，是存在于企业之外的，对企业融资活动产生影响，但同时却不会受到企业的控制。

（一）金融市场

市场的存在就是为了实现产品的交易，市场可以划分为两大类：一类是产品市场，主要是进行商品和服务的交易；另一类是要素市场，主要进行劳动力以及资本的交易。对于金融市场来说，其属于要素市场，专门用来提供资本。在这个市场上进行资金的融通，进而实现金融资源的有效配置，最终实现实物资源的有效配置。

1. 金融市场的作用

金融市场，是指以金融资产为交易对象所形成的供求关系以及机制与金融交易场所的综合。这一定义总共包括三层含义：金融市场反映了金融资产的供应者和需求者之间的一种供求关系；金融市场所进行的金融资金交易形成了一个无形或者有形的场所；金融市场包含了资金交易过程中所产生的运行机制，其中最主要的就是价格机制。金融市场是资金流交汇的最重要的场所，是企业融资与投资最直接的外部环境。金融市场对企业融资与投资的作用主要表现在以下方面：

（1）金融市场是企业融资和投资活动的场所。在金融市场上筹集资金的方式有很多种，且都比较灵活多变。资金的供需双方通过在金融市场上进行交易，进而实现资金的融通。当企业需要资金时，就可以去金融市场上选择适合自己的筹集资金的方式进行筹资；企业有了剩余的资金后，便可以选择投资的方式，进而为资金寻找出路。

（2）企业通过金融市场使长短期资金互相转化。企业所拥有的长期投资为股票以及债券，可以在金融市场上进行转手变卖，进而变成短期的资金；远期票据通过贴现，变成了现金；对于一些大额的可以通过定期存单，在金融市场上卖出，变成短期的资金。与此相反，短期的资金也可以在金融市场上转变为股票、债券等长期的投资方式。

（3）金融市场为企业融资提供有意义的信息。金融市场的利率变动情况是将资金的需求情况反映出来，进而有效地评价在金融市场上的证券价格，可以查看投资人在企业中的经营状况和盈利水平。这些都是企业在经营和投资过程中的重要依据。

2. 金融市场的要素

（1）交易主体。在交易的过程中，交易的主体是金融市场上的交易者，作为资金的供给者与资金需求者参与金融市场交易，同时也包括了任何参与交易的个人、企业、各级政府以及各种金融机构、社会团体等。资金的供给者就是投资者，投资者通过购买金融工具，将自身所具有的闲置资金提供给资金短缺的筹资者。随着资金的流动和经济活动的不断进行，投资者和筹资者之间随时可能发生角色互换。而金融机构作为金融市场的主要参与者，在金融市场的形成和发展中起着决定性的作用。它的存在，加速了资金的流动，降低了融资成本，分散了融资风险，使资金分布更为合理、有效，提高了资金的使用效率。

（2）交易客体。交易的客体指的是借助金融市场进行交易的对象，即交易过程中使用的金融工具。如何衡量一种金融资产的质量高低，其实也是衡量一种金融工具的质量标准，通常可以从三个方面来考虑，即流动性、收益性以及风险性。

流动性，指的是一种金融资产在变现的过程中时间的长短、成本的高低以及便利的程度如何。

收益性，指的是因持有某种金融资产所能够获得的货币收益。

风险性，指的是由一些不稳定的因素导致金融资产价值损失的概率。

金融资产的流动性和收益性之间是负相关的，如活期存款，容易变现但利率很低；风险性和收益性是正相关的，如果投资者承担的风险越大，它们要求的收益率就越高。

（3）交易价格。对于在交易过程中金融产品的价格，有时也可以通过利率来反映。金融工具所具有的流动性、收益性以及风险性等特点决定了其自身的价值，进而可以确定这种金融资产的价格基础。此外，还会影响金融产品的价格、供给、需求以及其他的金融资产价格或者交易者心理预期等各种因素。在金融市场的运作过程中，交易价格也发挥着极为重要的作用，是金融市场运行中的基础环节。在一个有效的金融市场上，金融资金的价格能够及时、准确、全面地体现出其具有的价值，反映出各种公开的信息，进而引导资金的流动，将整个经济系统中的资源进行优化。

（4）交易媒介。在金融市场上进行交易的过程需要联系资金的供给者以及资金的需求者，在这个过程中就需要中介的帮助。其作用是为了促进金融市场上资金的融通，进而满足不同投资人和筹资人的需要。这些媒介主要有商业银行、投资银行、证券公司、财务公司、保险公司、信用合作社、信托公司和其他非银行金融机构。

3. 金融市场的分类

金融市场是由许多功能不同的具体市场构成的。对金融市场可以从多角度按不同标准进行分类。

（1）货币市场与资本市场。从融资的期限上，可将金融市场分为货币市场和资本市场。

货币市场，也叫短期资本市场，一般融资期限在一年以内，其功能是提供短期货币资金，主要解决的是短期资金融通问题，包括贴现市场、存单市场、同业拆借市场和企业间借贷市场等。这类金融资产偿还期限短、流动性较高、风险较小，通常在流通领域起到货币的作用。

资本市场，也叫长期资本市场，一般融资期限在一年以上，长的可以达数十年，其功能是提供长期货币资金，主要解决长期资金融通问题，包括股票市场、债券市场和投资基金市场。这类金融资产的偿还期限长、流动性较低，因而风险较大，但可以给持有者长期带来收入。

（2）有形市场与无形市场。从市场上所从事的活动特点来看，金融市场可以分为有形市场与无形市场。

有形市场，指的是具有固定交易以及固定组织机构的市场，通常的固定交易市场有证券交易所、期货交易所等。

无形市场，指证券交易所以外进行金融资产交易的，其本身并没有固定交易的场所和组织机构。市场上的无形交易一般是通过现代通信工具在各金融机构、证券商和投资者之间进行，是一个无形的网络，金融资产可以在其中迅速地转移。

（3）发行市场与流通市场。由于具有不同的功能，金融市场可以分为发行市场和流通市场。

发行市场，也被称为一级市场，主要是为了处理一些信用工具的发行和最初购买者之间的交易情况。证券发行是证券买卖、流通的前提。证券发行者与证券投资者的数量多少，是决定一级市场规模的关键因素。

流通市场，又称为二级市场，主要处理现有信用工具所有权转移和变现的交易。二级市场上买卖双方的交易活动，使得金融资产的流动性大大增强，促进了经济的繁荣。

（4）现货市场和期货市场。依据交割时间的不同，可以将金融市场分为两种：一种是现货市场；另一种是期货市场。

现货市场，指的是交易双方成交以后，当场结清货款或在约定的几天内将货款结清的交易市场。

期货市场，当买卖双方达成交易后，在双方约定好的未来某一日进行交割的交易市场。

（5）直接金融市场和间接金融市场。按金融交易中有无交易媒介，金融市场可以分为直接金融市场与间接金融市场。

直接金融市场，指的是资金供给者直接向资金需求者进行融资的市场，例如，一些企业发行债券和股票进行融资。

间接金融市场，指以银行等金融机构作为媒介，进行资金融通的市场，如存贷款市场。

4. 金融市场的发展

（1）资产证券化。资产证券化指的是将流动性较差的资产，通过商业银行或者投资银行予以集中或重新组合，使这些资产作为抵押来发行证券，继而实现相关债权的流动化。如一些金融机构长期固定利率贷款或者企业的应收账款等，其特点是将原来不具有流动性的融资变成流动性的市场融资。

（2）金融自由化。自20世纪70年代以来，西方的国家尤其是一些发达的国家中出现了金融自由化的趋势，指的是一些金融主管部门逐渐放松甚至取消金融活动的一些管制措施，主要表现在放宽对金融机构业务活动范围的限制、放宽或者取消对银行的利率管制等。金融自由化导致了金融竞争变得更加激烈，这将会在一定程度上促进金融业的运营效率提高。在这个交易自由化的过程中产生的很多便捷交易工具也加快了市场的投资融资活动，降低了交易的成本。但是另一方面也加剧了金融风险的发生，并增加了政府监管的难度。

（3）金融国际化。

第一，金融市场交易国际化，包括国际货币市场的全球化、国际资本市场交易的全球化和外汇市场的全球化三个方面。主要包括银行和企业在内的各种经济主体间进行投资融资的范围不再局限于国内，而是可以融入国际市场中去。

第二，金融市场参与者国际化。在国际金融活动过程中，传统的一些大银行和主权国政府代表越来越多地被国际参与者所代替。很多大企业、投资银行、保险公司、投资资金甚至私人的投资者纷纷步入国际金融市场中，参与投资融资活动。

（4）金融工程化。金融工程化指的是将工程思维引入金融的领域中，综合地采用各种工程技术方法设计、开发出一些新型的金融产品，进而有效地、创造性地解决掉金融问题。

企业与金融市场之间的关系并不只限于以企业为主体的金融活动本身，而且还涉及金融市场的各个领域，如关于金融市场对企业金融决策、资本结构、资本运行等各方面的影响等。由于各国市场经济发达程度不同，金融市场本身也存在发达与否、规范与否、开放与否等问题。

金融市场效率的高低等都在不同程度上影响着企业金融活动的发达程度，直接关系着企业筹资规模的大小、投资活动的成败。因此，研究、探讨企业融资问题，离不开对金融市场的分析与研究。

（二）金融机构

1. 银行性金融机构

现今很多国家都具有规模庞大且分工明确的金融机构体系。金融机构体系由四种不同的机构组成，分别是中央银行、商业银行、专业银行以及政策性银行。

（1）中央银行。中央银行是一个国家金融体系的核心，占据特殊的地位。其特殊性主要是其职能决定的。中国人民银行是我国的中央银行。中国人民银行具有国家行政管理机关和银行的双重性质，其主要任务：一是制定和实施货币政策，调控宏观金融；二是实施金融监管，维护银行业的稳健运行。

（2）商业银行。商业银行也叫存款货币银行，它所从事的活动是为了吸收社会公众的存款与发放贷款，这也是商业银行与其他金融机构的主要区别。我国的商业银行主要分为三个模块，分别是国有控股商业银行、股份制商业银行以及合作金融组织。其中，国有控股商业银行的资产负债是规模最大的，主要有中国工商银行、中国农业银行、中国银行和中国建设银行。它们都是直属于国务院的经济实体，在业务上接受中国人民银行的领导和管理，也称为"大型银行"。

国有控股商业银行，是经营存款货币业务的金融中介，业务活动大体类似于世界各国的商业银行或存款货币银行。

股份制商业银行，是我国在改革开放中重新组建和诞生的银行，主要包括交通银行、中信实业银行、光大银行、招商银行、民生银行、华夏银行、兴业银行等。

合作金融组织，指农村信用合作社。农村信用合作社是我国农村集体所有制的合作金融组织。在部分地区，为适应地区经济发展，农村信用合作社逐步转变为农村合作银行和农村商业银行。

（3）专业银行。专业银行指的是具有专门的经营范围以及能够提供专门性金融服务的银行。通常，这类银行具其特定的客户，如融资性专业银行、投资性专业银行、政策性专业银行以及清算银行等。这类银行的存在是社会分工发展在金融领域中的表现。社会分工的不断发展，要求银行必须具有某一方面的专门知识和专门职能，从而促进了各种各样的专业银行不断出现。专业银行种类甚多，名称各异，主要包括以下几种：

储蓄银行：储蓄银行是办理居民储蓄并以吸收储蓄存款为主要资金来源的银行。储蓄银行的类型有互助储蓄银行、信托储蓄银行、邮政储蓄系统等。储蓄银行所汇集起来的储蓄存款较为稳定，因此主要用于长期投资。

抵押银行：通过使用房屋、土地等不动产作为抵押办理房贷业务的专业银行。这种放贷一般期限较长，属于长期信贷。

投资银行：针对工商企业办理投资和长期信贷业务的银行为投资银行。投资银行的资金依靠的主要是自己的股票与债券，从投资银行主要从事的业务来看，由于投资银行发挥出金融中介与组织的作用，进而使资本市场的各方面参与者都能够有机地结合到一起。

（4）政策性银行。政策性银行主要是由政府所创立并进行担保的银行，是以贯彻国家产业政策与区域发展政策为目的，具有特殊的融资原则，不以盈利为目的的金融机构。通常，在经济的发展过程中，会遇到一些商业银行因为盈利方面的问题不愿意参与投资的项目，或者是由于资金的缺乏而无法承担的领域，这些领域通常包括事关国民经济发展、社会稳定、具有重大意义的长期项目，例如，农业开发项目、重要基础设施项目等。为了扶持这些国家重大建设项目，政府往往实行各种鼓励措施，通常采用的办法是设立政策性银行，专门对这些项目融资。

2. 非银行性金融机构

通常，人们将银行以外不属于银行范围的金融机构列入非银行性金融机构中，虽然属于金融机构，但却不是银行。非银行性金融机构在本质上与商业银行和专业银行没有太大的区别，都是以信用方式来集聚资金并进行投放，以实现盈利的目的。但非银行性金融机构的业务面较为狭窄和专门化，它是为满足社会多元化金融服务的需求而不断产生和发展的。

（1）保险公司。保险公司是金融机构的一个组成部分，是依法成立的在保险市场上提供各种保险商品，分散和转移他人风险并承担经济损失补偿和保险给付义务的法人组织。各国按照保险种类分别建立了形式多样的保险公司，如财产保险公司、人寿保险公司、再保险公司、存款保险公司等，其中一般以人寿保险公司的规模为最大。

（2）证券公司。证券公司是依法批准成立的专门从事各种有价证券经营及相关业务的金融企业。证券公司分为综合类证券公司和经纪类证券公司两类。证券公司既是证券交易所的重要组成成员，又是有价证券转让柜台交易的组织者、参与者。证券公司的主要业务包括有价证券自营买卖业务、委托买卖业务、认购业务和销售业务等。证券公司在金融市场上起着重要的作用。在一级证券市场上，通过取购、代购、助销以及包销等有价的证券，来促进发行市场的有效发展，使发行者能够筹集到所需要的资金，促使投资人将所持有的资金投入新的发行证券中。在二级证券市场上，通过代理或自营买卖有价证券，使投资双方利用有价证券达到各自的融资目的。

（3）财务公司。财务公司也称"财务有限公司"。由于各国的金融体制不同，财务公司承办的业务范围也有所差别。其中，有的专门经营抵押放款业务，有的依靠吸收大额定期存款作为贷款或投资的资金来源，有的专门经营耐用品的租购或分期付款销货业务。在我国，企业集团财务公司（除中外合资的财务公司外）都是依托大型企业集团而成立的，主要为企业集团成员单位的技术改造、新产品开发和产品销售提供金融服务。

（4）信托公司。信托公司是一种以受托人身份代人理财的非银行金融机构，具有财产管理和运用、融通资金、提供信息及咨询、社会投资等功能。一般来说，信托公司主要经营资金和财产委托、代理资产保管、金融租赁、经济咨询、证券发行及投资等业务。

（5）租赁公司。租赁公司主要分为经营性租赁公司和融资性租赁公司，融资性租赁公司又称为金融租赁公司。金融租赁是以商品交易为基础的融资与融物相结合的特殊类型的筹集资本、设备的方式。它既有别于传统租赁，也不同于贷款，是所有权和经营权相分离的一种新的经济活动方式，具有融资、投资、促销和管理的功能。

（6）金融公司。金融公司也是一类重要的金融机构。其资金来源主要是在货币市场上发行商业票据，在资本市场上发行股票、债券，也从银行借款，但比重不大。其资金主要贷放给购买耐用消费品的消费者或小企业。

（7）基金管理公司。由于个人投资者的资金有限，不便直接在证券市场上买卖证券，且直接投资的风险和成本都很大，于是证券市场上出现了专门从事证券买卖的机构投资者。最重要的机构投资者是证券投资基金和养老基金，从事证投资基金和养老基金管理的基金管理公司是证券化市场中越来越重要的一种金融中介机构。证券投资基金又称共同基金、投资信托等，它是将个人的资金集中起来，在证券市场上进行分散投资和组合投资的一种集合投资方式。

（8）典当行。典当是指典当人将其动产、财产权利或者房地产作为当物抵押给典当行，交付一定比例的费用，取得资金，并在约定期限内支付当金利息、偿还当金、赎回当物的行为。这种经济行为由典当人和典当行双方参与形成。此外，随着现代市场经济的发展和信息经济的到来，金融中介机构种类繁多，作用凸显，如评估类、咨询类、鉴证类等金融服务中介机构发展迅猛。当然这些中介机构在发展过程中也存在一些问题。但是，随着市场经济的发展与完善，中国会很快形成一个比较规范的、与本国实际相适应的金融中介机构体制模式和运行机制，并形成一个行之有效的金融中介组织形式、服务业务体系和管理体制。

第二节　企业民间融资法律风险及其防范措施

一、企业民间融资法律风险

（一）出资方的法律风险

"随着我国中小企业的蓬勃发展，民间融资日益活跃，已成为一种普遍存在的经济现象，在推动经济发展、优化资源配置、补充正规金融机构等方面发挥着重要作用。"[1] 在民间融资活动的过程中，出资方直接将资金提供给融资方使用，相比较而言，出资方在这种借贷关系中所面临的法律风险是比较大的。在许多由中小企业进行的民间融资活动引起的纷争中，都是融资方携款潜逃导致极大地损害了出资方的合法权益，不但没有获得所预期的高收益率，有的都没有办法追回其所投入的本金。并且出资方往往是把自己所有的积蓄都投入民间融资市场，一旦发生不能够及时收回自己投资的情况，会对出资方的生活造成巨大的影响。出

---

[1]　白佳卉. 浅析民间融资的发展 [J]. 品牌，2014（10）：76.

资方所面临的主要是以下法律风险。

第一，民事诉讼中，由于不能够找到足够的证据而败诉。之所以会出现违背诚信原则的情况，是因为作为民间融资最主要的方式之一的民间借贷的手续简便，有的甚至不签订书面的合同，因此，双方口头约定的借贷行为在还款时可能引发纠纷。特别是在农村地区，民间借贷往往以口头的形式达成一致，而且没有借款的单据或者证明，这就对民间借贷纠纷的处理造成了很大的阻碍。如果对方对借贷事实予以否认，出资方就会"口说无凭"，拿不出任何证据证明借贷关系的存在，即便向法院提起诉讼，出资方也会因为没有掌握足够的证据而输了官司。

第二，若融资方涉嫌或者构成犯罪，出资方的资金难以追回。因为我国的相关法律没有做出具体的、可操作性的程序性规定，人民法院会把涉嫌或者构成经济犯罪的案件交由公安机关进行处理，有时公安机关以案件不在其管辖的范围之内为理由而拒绝受理。这样就致使整个案子在公安机关和司法审判机关之间反复推诿，即便公安机关对案件进行了受理，也因为不能将犯罪嫌疑人逮捕归案，或者发生根本找不到嫌疑人的情况，导致出资方无法提起民事诉讼，这样出资方投入的资金就不能够在短时间内得到偿还。

第三，我国法律不保护企业进行民间融资活动过程中所约定的过高利息。在有关民间融资活动的纠纷中，关于利息纠纷是最常见的。最高人民法院颁布的《关于审理民间借贷案件适用法律若干问题的规定》和《中华人民共和国民法典》都对民间借贷的利息做出了限制，对于超过法律允许范围的利息不予保护。因此，在企业进行民间融资活动时，当事人双方必须在法律允许的范围内对利息做出明确的约定。

第四，我国法律明确规定法律只保护那些合乎法律的民事权利，因此，法律是不会保护企业进行民间融资活动时的非法借贷行为的。若是出资方明确知道借款人是以开展不合法的活动为目的，仍然向借款人提供资金，这种借贷就是不合法的，法律不保护这种借贷行为。

（二）融资方的法律风险

在企业进行民间融资活动中，融资方也发挥着重要的作用，因为融资方作为民间融资的一方当事人，关系着出资方能否收回成本、获得预期的利息。融资方对保证投资和经营活动高速、高效运转起着关键性作用，其必须创造更多的利润以支付出资方的高额利息；而且务必保证在出现资金链断裂的情况时资金链的延续性，同时面临着如果不能够及时向出资方还本付息时，出资方也许会运用非法的手段对其人身安全造成威胁。在以上这些风险中，融资方所面临的主要是法律上的风险，具体如下：

1. 融资方的刑事法律风险

目前，我国金融活动体系中，银行等正规金融机构几乎垄断了金融市场。根据我国现行法律，理论上企业只能充当借款人，不得成为贷款方。我国法律明文禁止企业之间的借贷行为，对企业签署的借贷合同不仅宣告无效，还会没收追缴所产生的利息。然而，由于我国法律对此方面规定并不明确，导致企业在进行民间融资时陷入困境，担心涉及或构成非法集资罪，不明不白地承担刑事法律责任。

企业进行的民间融资与银行等金融机构进行的金融活动有所不同，国家未对其进行宏观调控。融资方若出现差错，可能对我国国民经济的健康发展产生不利影响，甚至违反我国刑法相关规定。在民间融资活动中，融资方稍有不慎即可能构成非法吸收公众存款罪或者集资诈骗罪。

在我国，任何从事存款业务的金融机构必须获得中国人民银行的审核和批准。未经审核和批准从事存款业务的行为违反我国法律法规。而民间融资活动容易涉及违反法律规定的吸纳公众存款行为，一旦触犯我国刑法相关规定，融资方将承担相应的刑事责任。

随着我国社会经济的持续繁荣，人们的可支配收入逐渐增加，手中的闲置资金也逐渐积累。为了增加收益，人们将闲散资金用于投资。而集资诈骗者正是利用了公众对收益增加的愿望，以欺骗手段向社会大众筹集资金。企业进行的民间融资活动同样是为了筹集社会大众的资金。可见，集资诈骗行为和企业进行民间融资活动的结果是一致的。因此，融资方务必采用合法方式进行企业民间融资活动，否则容易违反我国刑事法律规定，构成集资诈骗罪。

2. 融资方的民事法律风险

当融资方在开展融资活动的过程中触犯了我国法律的规定时，在承担与其犯罪相应的刑事责任的同时，对其债权债务进行清理，偿还了其所欠债务之后，仍结余有非法财物的，可以对其进行罚款或者收缴其违法所得。

二、企业民间融资法律风险防控

（一）构建企业民间融资的担保法律制度

在企业进行民间融资活动的过程中，经常出现由于企业无法提供相应担保而无法获得贷款的情况。因此，为了适应企业进行民间融资活动的发展趋势，有必要建立更加完备的关于企业进行民间融资活动的担保法律规范。为了缓解企业的融资困境，同时避免担保机构由于缺乏监管而实施违法行为，有必要建立适合我国国情的企业进行民间融资活动的担保法律规范，以防范我国企业在民间融资中面临的担保风险。

众所周知，担保行业的从业者通常面临"血本无归"的风险。因此，在法律允许的范围内，有必要在充分发挥市场规律的基础上进行经营管理，以避免担保行业的从业风险。此外，我国应尽快建立银行与担保机构的风险分担机制，要求银行也承担一定比例的贷款风险。当然，这一比例不能过高，这样一来既能促使银行为了维护自身利益而仔细审核提供贷款的企业，又能避免发生银行"惜贷"的现象。这一机制更有效地解决了企业的融资难题，避免了企业在融资过程中可能遇到的担保风险，从而更科学、合理、高效地向企业提供资金支持。

（二）健全企业民间融资的民事责任追究机制

作为我国法律责任体系的重要组成部分，民事责任相对于刑事法律责任和行政法律责任具有独特特征。在承担民事责任时，主要进行经济补偿，仅在无法进行补偿的情况下采取排除措施。由于民事责任具有补偿性特征，其承担原则旨在填补或回复损失，且赔偿数额受到一定限制，通常应等于受损一方所遭受的实际损失。民事责任遵循私法自治原则，当事人可以在法律无明确规定的情况下自由协商并进行处分。

我国企业进行的民间融资活动涉及损害赔偿责任。审理因民间融资活动引起的企业纠纷时，须考察承担责任一方是否违反约定行为、造成损害的事实以及行为与损害之间的因果关系，首先对行为进行定性，然后对赔偿数额进行合理评估。因此，要确定是否应承担赔偿责任，首先要确定是否存在违约行为。违约行为指违反合同中的约定义务或法定义务的行为，而损害事实是指可以用货币价值体现的损害，应为确定的事实，而且损失可通过民事强制力量予以恢复。

在我国的司法实践中，法院在审理企业民间融资纠纷案件时，往往未能明确损害赔偿责任的承担，并且对损害赔偿额的计算法律上也没有明确规定。因此，企业民间融资的违约方应以多元化方式承担民事责任，从根本上保障民间融资遵守约定一方的合法权益，并及时制裁违约方。这有助于有效防范企业在民间融资时面临的法律风险，保障遵守法律一方的合法权益，推动民间融资活动合法、安全、高效进行。

由于民事责任具有私法性质，对企业民间融资造成的损害应当赔偿的数额及如何计算允许由违约方和守约方通过协商来确定，并应在当事人签订的借款协议中进行约定。合同双方应严格履行合同中约定的义务，未履行义务的一方将承担违约责任，违约责任是一种严格责任制度，即不考虑当事人在主观上是否存在过错。法院将根据当事人签订的借款合同有关赔偿数额的约定或者根据约定的计算方法进行计算，要求违反约定的一方赔偿相应数额。同时，在签订借款合同时当事人也可对如何适用违约金进行约定，违反约定的一方应向另一方支付相应违约金。然而，法律规定了违约金数额，不得过高或过低，以避免违反损害填补原则和公平原则。如发生此类情况，法院可适度干预，根据法律确定损害赔偿数额。

（三）构建企业民间融资的法律风险防控监管体系

随着我国企业日益积极参与民间融资活动，相关问题逐渐凸显，因此，迫切需要建立更为完备的企业民间融资监管体系，以有效防范企业在进行民间融资时可能面临的法律风险。民间融资活动之所以可能产生负面效应，主要是因为该活动尚未纳入政府实施的监督管理体系中，缺乏必要和有效的监督管理。此外，我国法律未对企业民间融资行为的监管职权进行明确规定，这种法律立法和监管主体缺失的状况导致了对于民间融资活动是否合法的法律界定难以明确。这使得民间融资活动处于一个缺乏监督管理的真空状态，对企业民间融资活动的健康发展造成了严重不利影响。因此，我国迫切需要建立完备的法律风险监管体系，以有效防控企业参与民间融资活动所面临的法律风险。

1. 构建风险监测制度，监控资本流向

（1）负有对融资进行监测的职责。可设立一个对融资危机进行评估的机构，该机构由金融界专家组成，与实施监督管理的部门协同工作，对区域内外各类风险实施监督管理。同时，进行追踪分析和预测，构建发布警报的机制，评估各类较大金融风险可能带来的危害，并采取相应风险对策。对于融资规模较大的企业或个体经营户，主管部门应定期实时跟踪调查，实时掌握其动态变化，同时进行有效的管理和风险防控。

（2）对企业民间融资的监测结果进行分析。政府相关职能部门应尽快建立民间融资信息采集机制，定期收集相关数据。主要监测民间融资规模、性质、利率、资金流向和风险状况等，为我国宏观调控提供依据。

（3）实现企业民间融资信息的共享，及时公布相关信息，以便融资人可以自主决策，避免不必要的重复劳动，提高工作效率和信息综合利用率。

（4）对企业民间融资的监测点密度应加大，全面、定期采集相关数据，严格监控资金流向。一方面，科学设置监测网点，增强网点的代表性，避免监测数据与实际情况不符；另一方面，通过法律规定相关部门责任和义务，积极探索民间融资规模的测算方法，准确把握企业民间融资活动的发展趋势和状况，保障科学决策，最终防范企业在民间融资活动中可能面临的法律风险，确保企业民间融资活动有序进行。

2. 构建存在差异性的地方监管制度

一方面，可以通过法律赋予中国人民银行或银行业监督委员会一些监督管理的职能和权力，并明确在实践活动中如何履行这些职能和权力。确保有权实施监督管理的机关或部门依法履行其监督管理的职责。此外，不同地区实施监督管理的主体应根据本地区的经济发展现状和民间融资的具体形态建立有针对性的监督管理模式。这是由民间融资所具有的人际关系和地域性的特点所决定的，民间融资活动的参与者通常处于一定的地域范围内，同时借贷双方往往具有一定的关系，而贷款人和借款人分散在各种规模和程度不同的行业。

另一方面，金融领域的监管主要针对规模较大的金融机构，不适用于规模较

小的金融主体，因为规模较小的金融主体形式多样，对其进行全面监督管理较为困难。这需要依赖不同地区具体实施监督管理的机构，在实施监督管理过程中发现本地区民间融资活动存在的问题，并有效解决这些问题。

由上可知，允许差异性的地方监管制度的存在可以更好地对企业的民间融资行为进行全方位监管，有效防范企业民间融资存在的法律风险，维护从事民间融资活动的当事人的合法权益，为企业进行民间融资创造一个优良的环境基础。

第三节　企业互联网融资法律风险及其防范措施

一、企业互联网融资的法律风险

（一）P2P 网贷存在的法律风险

"随着互联网的快速发展，企业融资不再局限于传统的渠道和方式，互联网金融正在成为企业融资的新渠道，为企业发展注入新的活力。"[①] 其中，P2P 网贷是借助第三方互联网平台匹配资金需求者小微型企业和资金所有者的一种小额无抵押信用贷款。即资金需求者借助 P2P 网络平台展示自身贷款需求和利息回报等相关信息，资金所有者通过查阅网站信息对借款人信用和还款能力进行评估，自主选择交易对象，网站收取中介费或手续费。融资额度无限制，50 元到几万元不等，融资期限介于 7 天到 1 年。P2P 网贷平台一经产生就以快速生长的趋势迅速占领互联网融资市场，但部分平台吸收资金之后即卷钱跑路，使得 P2P 平台成为经济类犯罪的重灾区，法律风险主要集中在以下两个方面：

1. 资金池的设立与刑事犯罪的边界

我国现行的法律框架内，对互联网融资平台注册的性质没有明确规定，从事金融业务却不具备金融许可证，它们一般注册为资讯类或互联网信息服务公司。如果将网贷平台看作民间借贷，则在中国银行保险监督管理委员会的监管范畴，

① 张现锋. 互联网融资模式思考 [J]. 合作经济与科技，2023（19）：55.

但从金融创新的角度去看由央行监管更为妥当，在监管的灰色地带踟蹰，如今，监管机构也难以厘清自己的权责，一味地归咎于监管也有些强人所难。

《中华人民共和国刑法》中规定的非法吸收公众存款罪，在犯罪构成客观方面要求要有非法吸收或者变相吸收的行为，造成了扰乱金融秩序的后果。而《最高人民法院关于审理非法集资刑事案件具体应用法律若干问题的解释》（以下简称《解释》），对非法吸收公众存款罪有一个更透彻的分析，需要具备四个明显特征。

第一，服务的对象是不特定的。互联网打破了地域限制，实现实时的沟通互联，互联网金融天然地承继了它的这一特性，任何不特定的公众都可以获取任何互联网金融产品和服务。

第二，资金用途不公开。融资方要公开自己的资金用途，一旦发生资金混同将会给投资人带来不可估量的风险，极容易出现拆东墙补西墙的现象，表面上看没有出现兑付不能，但资金链条环环相扣，出现一个缺口就会引发蝴蝶效应，如果资金池的收益又恰巧不能弥补，投资人的资金就会覆水难收。

第三，行为具有非法性。《解释》中列举许多非法吸收公众存款可能的行为操作，在互联网时代 P2P 平台下表现为：平台虚构项目、虚构交易内容或假借合法形式掩盖非法吸收资金的；平台未设立账户之间的防火墙或者采用其他手段来避免账户混同、资金混同的；平台管理人直接将投资人账户自己挪为自己所用的；投资人直接汇款到平台，由平台进行相关投资并承诺部分收益作为回报等。

一些违法的 P2P 平台经营者通过发布虚假的高利借款信息来聚集资金，我国社会上闲散资金较多，且很具有市场潜力，较短的时间内就可以募集到大量资金，之后陷入新贷还旧贷的庞氏骗局，更有甚者直接携款潜逃。但不是只有平台会有涉嫌集资诈骗的风险，投资人或融资人也可能构成此罪，即融资人在平台上虚构自己身份，发布大量虚假借款信息，向不特定多数人募集资金，然后卷款逃跑；或者通过互联网平台融资后，未兑现收益，未实现预期目的而直接携款潜逃，其中，互联网借贷平台因未尽到对借款人身份的真实性进行审查的义务，未及时发现甚至默许该行为，可能会被以集资诈骗共犯定性。

2. 违法担保引发法律风险

投资者的收益率也远远高于银行同期存款利率或一般理财产品，一般约为

15%。扣除 P2P 平台的服务中介费后，实际收益率也超过 10%。然而，高收益往往伴随着高风险。P2P 平台上的融资方往往是传统金融机构拒之门外的小型企业，其还款能力和信用记录存在欠缺，融资风险相对较高，不符合传统机构的借款标准。以信用为约束体系的交易不同于以货币为媒介的商品交易，信用交易建立在对交易方将来偿还能力和意愿充分信任的基础上。

由于 P2P 行业发展时间较短，受传统思维影响，投资者在选择理财产品时希望无论外界市场行情如何波动都能获得固定收益，且不承担相应商业风险。这导致即使借款到期未能按期兑付，投资人仍期望由网贷平台替代兑付。因此，为了分散兑付风险并降低坏账率，网贷平台尝试与担保机构合作。行业翘楚如陆金所等曾尝试通过平台为项目提供担保，分为平台自建担保公司和寻求第三方担保公司合作两种方式。

平台自建担保公司存在一定道德风险，若平台崩溃，投资人根本无法维权。因此，这种方式被中国银行保险监督管理委员会叫停。寻求第三方担保公司则可以请求其承担一般担保责任或连带担保责任。根据《中华人民共和国民法典》关于一般保证的规定，借款人未能按预期约定及时偿还本息时，应首先对主合同纠纷进行审理或仲裁，对主债务人的财产进行强制执行后仍未完全清偿，才能追究保证人的一般担保责任。然而，在 P2P 网贷平台上进行交易，投融资双方没有线下接触，互联网交易的高效便捷却伴随着追索困难。根据《中华人民共和国民事诉讼法》关于合同纠纷法院管辖权的规定，被告住所地或合同履行地的人民法院都有管辖权。投资人需要向融资人所在地提起诉讼，这耗费了大量时间和金钱成本，不利于保护投资人的权益。

与此相反，连带责任担保对投资人来说更为安全，只要发生逾期未归还借款，客户就可以直接找担保公司追讨。然而，随着网贷业务规模的不断扩大，非融资担保机构面临前所未有的发展机遇，但其监管却未能跟上发展的步伐。《融资性担保机构经营许可证管理指引》对融资性担保机构的监管进行了一定说明，要求在经营融资性担保业务之前，须通过地方监管部门的前置性审批获得许可。然而，对非融资性担保机构的设立规定尚处空白，只能根据《中华人民共和国公司法》对公司设立的一般标准进行约束。我国自 2012 年 6 月起开始从行业自律的角度进行探索，中国投资担保专家委员会提出了《全国非融资性担保机构管理指导意见》对其资质进行确定和约束。然而，由于该文件不属于法定立法范畴，其效力有限，难以实现对行业的有效震慑和监管。担保公司与 P2P 平台相互勾结的情况仍有发生，通过担保赢得投资人的信任，却借机筹集资金高利转贷或从事非法集资活动，不仅使平台健康发展受到阻碍，也因社会信用体系不完备、整体社会诚信水平有待提高而使我国在"去担保化"路上步履维艰。

（二）电子商务平台融资的法律风险

电子商务平台融资，简称电商融资，是指第三方电商服务企业通过提供融资平台，直接或间接向企业提供融资资金。其中，小微企业在电商融资中占据了相当高的比例，广泛分布在零售、服务、高新技术产业等领域。我国主要的电商平台如阿里巴巴、京东商城、苏宁易购、唯品会等都是由众多小微企业构建的商业帝国。这些电商平台掌握相关的营业收入和资信评级等信息，有助于建立企业的资金等级系统，方便明确融资意向和风险评估。目前，电商平台融资主要有两种模式：一是与银行、基金、网贷公司等合作；二是通过利用自有资金创设电商信贷公司面向平台内商家客户。这两种模式既解决了电商平台商家的融资问题，又充分利用第三方电商平台的闲置资金，使资金在流动中创造更高的价值。

电商平台的快速发展催生了电商融资平台，利用电商平台积累的交易数据来获取企业真实经营状况，化解贷款风险。这种融资模式无须抵押和担保，可谓应对企业融资需求的有效手段。然而，征信体系的不完善和缺乏风险扩散机制成为该模式发展的瓶颈。

1. 互联网征信体系建设不完善

电商平台积极探索利用数据挖掘获得信息，以控制风险，为企业解决融资难题提供了一种创新思路。然而，众所周知，我国的互联网信用体系尚不完善，社会诚信意识正处于觉醒初期，建立完备的征信体系尚需较长时间。我国缺乏统一健全的信用等级标准，无法对各个平台的信用数据进行一致整理。同时，缺乏具有权威性的信用中介机构，使得中介机构对借款人提供的信用评价难以取信于众，缺乏公信力是当前中介机构所面临的尴尬处境。在信用缺失的市场环境中，仅依赖行业自律或互联网本身难以实现互联网行业的有序稳定，这导致本应虚拟的互联网平台增添了一层神秘的色彩。

一方面，公众难以通过鼠标甄别互联网融资机构的信誉，稍有不慎就可能导致辛辛苦苦赚来的钱财草草流失。由于缺乏权威机构进行资金托管，几乎所有资金都存放在第三方支付平台，而由于平台扮演中介角色，无权冻结资金，客户可以随时提取，而庞大的资金池监管困难，只能寄望于行业自律，而随着行业规模的扩大，风险呈指数级增长。

另一方面，我国拥有 14 亿人口，社会发展尚处于社会主义初级阶段，全社会诚信意识和通过信用交易进行交往的氛围尚未完全形成。在大家对互联网融资充满期待的同时，更须防止违规操作伤害公众情感，甚至引发诚信恐慌，抑或扑灭公众对新事物的热情。目前，我国的信用评价体系仍存在许多漏洞，如虚拟交易中的刷好评、刷信用、返利好评等已为人熟知。如果评价不客观，对区分产品优劣将缺乏任何参考价值。

2. 缺乏资金安全的风险扩散机制

互联网融资平台在融资服务过程中，既充当资金提供方又充当风险控制方。在账户信息管理、客户资金安全、交易记录等方面，可能出现潜在的风险。由于互联网技术迅速更新，不进行创新就可能滞后，因此，需要时刻关注网站的安全性。要检查是否有黑客对服务器进行恶意攻击，以及网站的运营管理是否存在违规操作。就纯粹经营融资业务而言，平台需要独自承担企业的所有信用风险。电子商务平台在交易中获取资金流、信息流和物流等数据，但其主要服务的客户群体是无门槛的小微企业。由于这些企业主从业经验有限、经营变数较大，电商平台只能在一定程度上掌握其经营风险。虽然电商平台也需要取得相应的牌照，但在信用方面不如传统商业银行那么强大。由于缺乏有效的信用捆绑，且融资时无抵押无担保，存在许多不确定因素，这无疑增加了平台的风险性。而且电商平台缺乏风险保障金或其他有效的风险分散渠道，这将成为它未来发展的制约因素。

二、企业互联网融资的法律风险规避对策

我国互联网金融仍处于初始发展阶段，只有清晰地认识问题，才能及早采取措施防范潜在风险。互联网融资的迅猛发展对实体经济构成了巨大的考验和冲击，使得现行法律框架已无法覆盖所有相关问题。在构建中国特色社会主义法治体系的当下，一方面需要对现有法规进行完善和修订，制定相关司法解释以填补

法律漏洞，互联网金融行业应当制定统一的行业标准，形成行业自律，吸取实体经济监管手段以及域外互联网金融监管经验，建立我国独特的互联网金融监管体系，并纳入国家金融监管体制。同时，应探索建立完备的风险控制机制，将新兴的互联网金融领域纳入法律规范范畴，建立行业自律、法律保障和社会监督相互促进的良性循环。另一方面，需要谨慎处理适度性问题，因为效率与安全是一对相互矛盾的概念，特别是在现行法律体系内，非法集资、洗钱、金融诈骗等行为正在侵蚀企业网络融资的生存空间。通过有效的法律规范和监管机制，实现效率与安全的平衡，互联网行业应与金融、法律行业共同努力，迎接企业发展的春天。

（一）弘扬"互联网+"融资新理念

1. 重视技术变革带来的影响

金融，其实质就是货币从发行到流通在动态流转的全过程。"互联网+金融"就是在这个过程中实现资源利用的最大化并提升性价比，即用最少的成本换取最高的效率。互联网时代最重视的是效率，让传统金融行业与信息技术相碰撞，改变现有的融资格局，有效减少经济运行中的时间成本和交易的中间费用，实现提升金融效率的目标。数以万计的互联网融资企业要从思想观念和行动两方面着手，从经营理念、战略决策到具体网点的建设和业务模块的开发，要清醒地认识互联网金融带来的技术革新对传统行业思维方式的洗礼与颠覆。

互联网追求平等、分享、注重客户参与和体验的价值取向，站在客户角度思索问题，贴近客户的心理，深度挖掘客户需求并提供个性化、有针对性的解决方案，还可以利用客户的偏好做好分类和梳理，通过信息整合对不同群体开发符合其偏好和品位的产品，从而创造出有针对性的金融产品或服务，通过更优质的服务、更多的辛勤指数换取客户的满意指数和忠诚度。利用优秀的专业团队和风险管控技术为企业服务，在充分保障资金安全的前提下，去掉冗长复杂的中间环节，精简业务流程，保证信息准确的同时提高各种审批、核实信息的效率，综合提升服务质量。

2. 注重用户体验

互联网金融的核心价值在于强调便捷、快速和用户体验，而企业群体无疑是其最早的用户。互联网和移动通信技术的发展使得资金供需双方能够在线上进行高效沟通和互动。客户能够筛选和比较不同互联网企业提供的技术支持，从而在短时间内完成多笔金融交易，实现超高性价比。相较之下，传统融资模式通常依赖于大企业和大项目，其市场定位主要聚焦在资金安全、成本控制和风险降低上。烦琐的申请流程、复杂的审批项目和机械式的组织结构成为其发展的制约因素。因此，互联网金融模式需要新的价值理念、价值链、市场定位和客户关系定位。这要求互联网金融企业要担负起自己的责任和使命，将服务理念从以业务为核心转变为以客户为中心，以适应时代发展的需求。值得注意的是，"平等、开放、共享"的互联网精神与金融交易中"安全、私密"的客观属性存在天然冲突。随着企业融资覆盖率不断扩大，融资效率稳步提高，人们自然而然地开始关注互联网融资的安全性。在确立互联网融资理念的同时，也需要配合其他手段，以实现互联网融资模式的长足发展。

（二）加强互联网金融立法

随着互联网融资规模的扩大，其呈现出越发混业经营的态势。为了更好地为小微企业提供服务，必须明确互联网融资模式的合法边界。建立和完善与小微企业融资相关的法律法规，清晰划分经营业务范围和各方权利义务关系是至关重要的。同时，应出台有针对性的行业管理办法，通过严格控制互联网平台的注册和资质审查，从源头上杜绝投机行为，以控制市场准入，形成互联网融资的良好秩序。

金融体系公司与一般公司不同，其资金杠杆和风险评估面临巨大挑战。传统金融体系中的银行、保险行业和小额贷款公司等都受到明确监管机构的控制。然而，从事互联网金融业务的公司却面临监管主体不明、监管责任不清晰的尴尬局面。为解决这一问题，亟须通过立法明晰监管机构的责任。在法律监管体系建设中，应力求维护法律的稳定性，充分在现有法律框架内解决问题。虽然国务院办公厅和中国银行保险监督管理委员会相继出台文件支持企业发展，但这些只是构建了宏观框架，缺乏具体的监管细则。成立的互联网金融发展与监管研究小组已深入地方实地考察调研，相关监管办法也正在酝酿之中，这将有助于互联网融资以更崭新的姿态迸发出更大的发展潜力和市场活力，更好地保护投资人和创业者。

（三）形成有效的监管体系

1. 构建体系化管理机制

当前，我国仅有中小企业合作发展中心负责中小企业的相关事务。然而，这个公益性的法人组织在规模宏大的中小微企业未来的发展中承担的责任较为有限。为了更好地协调和服务中小企业，必须设立专门的政府机构，使之有效地涵盖微型企业。这不仅仅是定期进行象征性的政策研究或者仅仅作为一个协调部门的问题，而是要能够有效传达国家的政策法规，并协同其他部门进行实时监督和管理。在此过程中，可以借鉴韩国的服务体系和中国台湾地区的辅导机构体系，形成自下而上的层级清晰的树状结构。同时，可以借鉴马来西亚的担保体系，设立以政府为主导、以民营资本和外资为主体的风险投资机制。为此，可以设立专项的"中小微企业风险投资基金"，扩大资金规模和受众范围，并完善风险投资退出机制，以有效规避潜在风险，保障初创期企业的存续率和成功率。与此同时，也应高度重视人才的培养和引进。只有这样，企业的发展才能真正提升到战略高度，以适应新时代的发展需求。

2. 明确监管责任

当前的金融体系存在无法涵盖新兴金融模式的问题。为了更好地监管互联网金融业务，应迅速对其业务范围进行详细梳理和划分，并纳入现有监管范畴。明确各监管主体和相关部门的监管职责，确保分工合作，防止权责重叠和监管对象遗漏，杜绝多头执法和空头执法。明确监管职责后，应对平台融资业务进行定期汇报和不定期抽查，提出相应整改措施，帮助平台合规经营。对于情节严重者，应交由司法机关处理，并建立黑名单制度。针对互联网时代的隐私保护问题，一方面要提高互联网技术的安全性，建立监管机构与融资平台的信息保护交互机制；另一方面，要明确平台的保密义务，平台过失导致信息泄露时应负一定责任，并加强监管和惩处力度，对于主观故意违规销售投融资信息等行为要受到《中华人民共和国刑法》处罚。

在鼓励互联网金融创新的同时，必须不断完善监管体制，确保各监管部门切实贯彻执行提升小微企业互联网融资能力的国家政策。借鉴美国功能型监管的经验，要加强对互联网金融企业征信行为的监管，制定政策和法律明确对失信行为的惩罚机制，提高监管力度和威慑力。对于其他违法违规行为要严厉打击，决不能手软，确保监管工作起到高效运转。当然，互联网金融监管秩序的形成是一个逐步推进的过程，可以分阶段、有针对性地开展监管工作。在当前阶段，监管部门可以先颁发业务许可证给资金实力雄厚、管理制度健全的互联网融资企业，紧密监控 P2P 平台和电商平台的运作流程和资金流动情况。随着行业习惯的形成，逐步降低互联网融资领域的准入门槛，引入小额发行融资豁免制度，推动金融监管模式由分类监管过渡到行为监管和行政监管的模式。

3. 加强行业自律

净化行业环境不能仅仅依赖监管部门。在监管无法全面覆盖的情况下，我们不能简单地套用传统金融机构监管的模式。由于相关法律和政策体系的制定和磨合需要一段时间，因此，行业自律应迅速填补监管的不足，防止产生不利的态势。

加速互联网融资监管体系建设，对金融业的监管需求日益迫切。互联网具有海量信息的特点，如何引导其健康和谐发展、集中优质力量为用户服务是一个需要深思熟虑的问题。我国小微企业的互联网融资领域缺乏专门的监管机构，同时互联网融资企业也面临多方面问题，包括缺乏专业化人才提供更高层次的金融服务、品牌信用积累不足以赢得公众认可、对消费者信息和隐私保护存在漏洞等。这些问题主要需要依靠行业自律进行监管，可以通过制定自律性管理规范，包括行业协会的准入标准、经营标准、技术标准等，对行业成员的合规性进行检查和监督。同时，建立并实施符合行业协会角色的惩罚措施，例如，声誉罚、集体抵制、资格罚等。通常情况下，互联网融资企业的管理体制相较于大型商业银行不够完善，缺乏合规机制，风险控制能力较弱，因此，在贷款发放和资金吸引方面无法与传统金融机构相提并论。虽然互联网融资在发展初期依靠行业自律能够实现较快发展，但随着监管体系的不断完善，未来几年必然会在业内迎来一次大洗牌。

4. 降低资金池的法律风险

为了降低资金池的法律风险，应该严格限制融资平台对资金的控制和用途决策。如果平台能够随意操纵资金流动，就会增加资金被挪用的风险。一旦资金亏损，将给投融资双方带来无法估量的损失。为了对投融资双方负责，有必要剥夺平台对经手资金的掌控权，可以委托第三方机构或银行进行资金管理，并由投融资双方协商约定托管资金的费用。在互联网融资初期阶段，商业银行作为资金托管方较为适合，因为银行拥有先进的资金管理技术和经验。实际操作中，"大家投"为了明确自身与资金池的边界，选择将其旗下"投付宝"筹集的资金交由兴业银行托管，以最大限度获取投资者的信任。鉴于互联网具有较高的风险性，为加强互联网融资的防范技术，需要广泛吸纳数据挖掘、信息安全、风险管理以及会计审计等相关专业人才。只有提升从业人员的整体素质，才能有效应对不断升级的互联网金融安全挑战。

第三章 企业财务管理及其法律风险防范

第一节 企业财务管理及其内容体系

一、企业财务管理基础

（一）企业财务管理内容与目标

企业财务管理集中于企业如何才能创造并保持价值，以达到既定的经营目标。企业的财务管理人员从资本市场为企业筹集资金，并把这些资金投入企业决定经营的项目中，变成企业的实物资产。通过有效的生产和经营，企业获得净现金流入量，并把其中一部分作为投资回报分给股东和债权人，而另一部分留给企业用于再投资，同时企业还要完成为国家缴纳税款的义务。资金在金融市场和企业之间的转换和流动正是财务管理所起的作用。在高度不确定的市场环境中，财务管理已成为现代企业经营管理的核心，关系到企业生存和发展。财务管理人员只有把企业的筹资、投资和收益分配等决策做好，企业才能实现资产增值的最大化，才能有较强的生存和发展潜能。

1. 企业财务管理的内容

（1）资金筹集管理。资金筹集是指融通资金，需要解决的问题是如何取得企业所需要的资金。资金筹集管理的目标是从厘清和权衡不同筹资渠道的权益关系入手，采取适当的筹资方式进行科学的筹资决策，以尽可能低的资金成本和财务风险来筹集企业所需要的资金。

企业筹资管理的主要内容是筹资规模的确定和最优资金结构的运筹。由于筹资与投资、收益分配有密切的联系，筹资的规模大小要充分考虑投资的计划和股利分配政策。因此，筹资决策的关键在于在追求筹资风险和筹资成本相匹配的情况下，实现最优的资金结构。

（2）资金投放管理。资金投放简称投资，是指运用资金，所要解决的问题是如何将企业收回的资金和筹集的资金投放出去，才能取得更多的收益。企业资金投放管理的目标是以投资风险——收益对等原则为支撑，正确选择投资方向和投资项目，合理配置资金，优化资产结构和有效运用资产，以获得最大投资收益。

企业可以将资金投放于购买设备、兴建厂房、购买材料、开发新产品及开办商店等，也可以将资金投放于购买企业股票和债券及购买政府公债等。企业的投资决策按不同的标准可以分为对内投资和对外投资及长期投资和短期投资。

对内投资是指直接把资金投放于企业的生产经营性资产，以便创造利润的投资，一般也称为项目投资；对外投资是指把资金投放于金融性资产，以便获得股利和利息收入的投资，又称为证券投资。这两种投资决策所使用的方法是不同的，项目投资决策一般事先拟订一个或几个备选方案，通过对这些方案的分析评价，从中选择一个足够满意的行动方案；证券投资只能通过证券分析和评价，从证券市场中选择企业需要的股票和债券，并组成投资组合，目的在于分散风险的同时获得较高的收益。长期投资和短期投资所使用的决策方法也有区别。由于长期投资涉及的时间长、风险大，决策分析时更重视资金时间价值和投资风险价值。

企业投资管理的主要内容是流动资产投资管理、固定资产投资管理、无形资产投资管理、对外投资管理和资产结构优化管理。

（3）收益分配管理。收益分配管理是指在公司赚得的利润中，有多少作为股利发放给股东，有多少留在企业作为股东的再投资。收益分配管理的目标是有效处理与落实企业与国家、投资者、债权人及企业职工之间的经济利益关系，执行恰当的股利分配政策，合理进行收益分配。

企业在进行收益分配时，确定适当的股利分配政策至关重要。股利政策的制定受多种因素的影响，包括税法对股利和资本利得的不同处理，未来公司的投资机会、各种资金来源及其成本、股东对当期收入和未来收入的相对偏好等。每个企业根据自己的具体情况确定最佳的股利政策，这是财务决策的一项重要内容。

2. 企业财务管理的目标

财务管理的具体目标是为实现财务管理总体目标而确定的企业各项具体财务

活动所要达到的目标。

（1）筹资活动管理中的具体目标。企业为了保证正常的生产经营或扩大再生产，必须得有一定的资金。企业可以从多种渠道筹集所需资金，如发行股票、银行借款、发行债券等，不同的筹资方式，其筹资成本和筹资风险不尽相同。筹资管理的目标如下。

第一，以较小的资本成本筹集较多的资金。企业的筹资成本包括利息、股利等向出资人支付的报酬和筹资过程中的各种筹资费用。

第二，以较低的筹资风险筹集较多的资金。企业的筹资风险主要是到期不能偿还债务的风险。

总的来说，筹资管理的具体目标是以较小的资本成本和较低的筹资风险，筹集较多的资金。

（2）投资活动管理中的具体目标。在投资活动中贯彻财务管理总体目标的要求，主要包括：①必须使投资收益最大化，投资收益是与企业的投资额相联系的，企业投资报酬越多，说明企业的获利能力越强，从而可以提升企业价值；②投资存在一定的风险，企业在尽可能获得较高收益时，还必须降低投资风险。总的来说，企业投资管理的具体目标是认真进行投资项目的可行性分析，力求提高投资报酬，降低投资风险。

（3）经营活动管理中的具体目标。企业经营活动管理作为财务管理的主要内容，如何保障经营活动的顺利开展，减少经营活动中资金的占用，提高资金的使用效率是一个非常重要的问题。因此，营运资金管理的具体目标是在满足企业生产经营活动的情况下，合理使用资金，加速资金周转，不断提高资金的使用效果。

（4）利润与分配活动管理中的具体目标。利润与分配活动管理是将企业取得的利润在企业与投资者、职工、政府等相关利益者之间进行分割，这种分割涉及利益相关者的经济利益，而且涉及企业现金的流出，会影响企业与相关利益者的关系和企业财务的稳定性。因此，企业应该从全局出发，正确处理好企业与各利益相关者的关系，选择合适的分配方式。

（二）企业财务管理价值观念与组织职能

1. 企业财务管理的价值观念

"企业的财务管理是企业工作中不可缺少的重要部分，而企业的财务管理价值观也是企业财务管理的灵魂，对于企业的健康发展也有着非常重要的意义。"[①]价值管理是现代财务管理价值观念的主要内容，在财务管理活动中占据着重要地位，它集价值观念、管理哲学为一体，同时它也体现出了财务人员对财务管理活动的态度和处理方式。为了有效地组织财务管理工作，实现财务管理的目标，企业财务管理人员必须树立一些基本的财务管理观念，且必须考虑资金时间价值和投资风险价值问题。

（1）资金时间价值。资金时间价值也称为货币时间价值，资金是企业不可或缺的一个重要因素，它通过一段时间能够产生新的价值，这一价值便是资金的时间价值。同样的资金，经过的时间不同，会产生不同的价值，企业最为重要的财富就是资金，它会随着企业的发展而不断增值。获得更多的企业价值和更多的资金增加也是企业存在的意义。货币时间价值是指资金在时间的发展中所产生的变动价值。

资金的时间价值表现形式包括两种——相对数和绝对数，它也称为时间价值额，是指资金在周转过程中所产生的价值增长数，是定额的资金乘以时间价值量而得出的，也是使用货币资本的机会成本，衡量资金时间价值的大小通常是利息，其实质内容是社会资金的平均利润。资金时间价值是时间的函数，随时间的推移而发生价值的变化。相对数即时间价值率，一般用无风险的投资收益率来代替。实际上，投资报酬率包括国库券利率、银行存款利率、银行贷款利率、债券利率等，但是它们和时间价值率有所不同，只有在不考虑风险和通货膨胀的影响时，才可以将其看成时间价值率。若是在通货膨胀率不高的情况下，国债由于其具有最高的信誉度、最小的风险等优势而可以将其等同于时间价值率。货币的时间价值是公司资金利润率的最低限度。

财务管理中对时间价值的研究，主要是对资金的筹集、投放、使用和收回等

---

① 唐秋艳. 浅议企业财务管理价值观在财务管理中的应用 [J]. 商场现代化，2015（29）：176.

从量上进行分析，以便找出适用于分析方案的数学模型，改善财务决策的质量。

企业在生产经营决策中将货币时间价值作为一个重要的因素来考虑，在筹资管理中，资金的获取是需要付出代价的，这个代价就是资金成本。资金成本和企业的经济效益是有着直接关系的，因此，企业在制定筹资决策时要重点关注这一问题。由于项目投资要耗费较长的时间，因此，需要对货币时间价值进行关注和考虑。由于竞争，市场经济中各部门投资的利润率趋于平均化，每个企业在投资某项目时，至少要取得社会平均的利润率。因此，货币的时间价值成为评价投资方案的基本标准；在证券投资管理中，收益现值法是证券估价的主要方法，同样要求考虑货币时间价值；在企业存货管理中，对销售积压存货、保管费用等，都应充分考虑货币的时间价值，以使资金发挥最大的经济效益。

（2）财务风险价值。财务学、投资学和金融学都非常重视对风险的研究，各个学者对风险的认识也有着较大的差异。有的观点将风险看成一种危险，它不利于企业的平稳发展；也有观点指出，风险是一种机会，它能为投资者带来超额报酬；不过较为常见的是认为风险是一种不确定的因素，它对企业的影响可能是正面的，也可能是负面的。所以说，人们认识的风险是各有不同的，从企业的角度来说，风险的存在有利有弊，只有准确地把握好风险因素，对投资机会进行客观的分析，抓住风险带来的机会，才能有利于企业的可持续发展。较高的投资风险可以带来较好的投资收益，从博弈论的角度来说，只有对风险进行准确评估，才能获得较高收益，而不是所有的人都能够获得高收益。企业的经营活动和风险是同时存在的，风险对于企业来说，既是一种挑战，也是一种机遇，这便是财务风险价值。

（3）财务管理中风险价值的意义。风险价值是指在一定的置信水平下，金融资产和证券组合可能在未来时间内形成一定的损失，它可以对投资风险进行量化，风险防范、风险预测和绩效评价都是依次进行的。从企业财务管理的角度来说，风险价值量化工具的引入具有以下方面的意义。

第一，有利于化解财务危机。企业在财务管理中必然会遇到各种财务风险，根据财务风险的形成原因不同，可以将其分为两类：①外在因素，包括市场经济环境、政策环境和行业特征；②内在因素，包括企业投资决策、制度执行以及经营管理等因素。如果企业不能对财务风险进行及时的管控，将会导致企业面临各种财务危机。所以，有必要移入风险价值工作，从而确保企业管理者能够根据企业的实际情况来制定准确的应对措施，防止企业受财务风险所累，产生财务危机甚至破产。

第二，有利于强化财务风险分析。传统的风险管理往往没有量化的风险衡量方法，所以，不能对企业所面临风险的大小进行准确的表达，也不能对内外风险因素所产生的影响大小进行全面的分析和考量。风险价值指标则包括传统财务评价指标和市场风险评价指标两类，能够对资产投资组合发生的风险概率进行量化分析，从而促进企业风险管理的精细化发展。当然，采用风险价值来评价风险情况，有利于企业对风险成因、预测风险危害和预测未来财务状况进行分析。

2. 企业财务管理的组织

（1）企业财务管理体制的建立。要做好财务管理工作，必须建立和完善企业财务管理体制。在建立社会主义市场经济体制的同时，要使企业适应市场要求，成为独立享有民事权利和承担民事义务的企业法人。企业财务管理体制的建立要遵循以下原则。

第一，统一政策法规、制度与分级管理。按照现代企业管理体制的框架，在财务管理上，企业既能公平竞争，充满活力，正常发展，又能活而不乱，不偏离国家的政策导向。国家对国有经济为主体的所有制企业的财务活动，制定了统一的政策、法规和制度，包括财政税收，国有资产管理的法律法规，各种财务、会计制度等。对国家统一制定的政策、法规和主要制度，企业财务人员必须严格遵守和执行，如有违反，将承担经济和法律责任。

第二，企业财务的自主权和财务责任与经济利益息息相关。财务自主权是企业财务管理体系的关键。国家在宏观政策上给予企业一定的权利，同时也规定了相应的财务责任，企业财务管理人员都必须全面履行。企业管理在拥有权利、承担责任的同时，也享有相应的经济利益。在国家给予企业的各项自主权中，每项都规定了相应的经济利益。这样，既重视企业财务自主权，又将财务责任和经济利益密切联系在一起，把权、责、利三者结合起来，使财务管理体制适应企业生产发展的需要，充分发挥财务管理的作用，使国家、企业、职工利益得以兼顾。

第三，企业财务管理体制必须与财政、税收和信贷等管理体制相适应。企业财务管理体制并非独立存在，它同政府管理部门、各系统有紧密联系。这些部门有财政、税务、信贷、价格、劳动、计划等，其中，财政、税收管理部门尤为重要。企业财务管理体制必须与之相适应。企业财务管理体制同政府各部门管理体制相适应，可以使企业财务更好地同政府各部门建立新型的财务关系，使企业财务更好地发挥作用。

（2）企业财务管理机构的形式。财务管理机构是企业组织财务活动的主要条件，企业财务管理机构的设置与企业规模大小、社会经济发展水平、经济管理体制有密切的联系。目前，我国企业财务管理机构的形式如下。

第一，传统财务管理体制形式。传统财务管理体制形式是将财务和会计管理两个机构合并在一起。企业一般设一个财会科室，由总会计师或主管经济的副厂长来领导财务和会计两方面的管理工作。

第二，财务与会计分别设置管理机构。企业财务部门担负着筹集资金，运用资金，分配盈利，对外投资及预测、决策、计划、控制、分析的主要任务。

在市场经济条件下，需要把财务机构同会计机构分开设置。财务与会计分别设置管理机构，有利于财务会计责任清楚，各自发挥作用。保证财务工作和会计工作适应市场经济的需要。对于一些小型企业仍可以采取财务与会计机构合并设置的传统方法，但财务人员应明确分工，各司其职，充分发挥两者各自的作用。

3. 企业财务管理的具体职能

财务管理的职能是指其职责和功能。财务管理的基本职能是财务决策。复杂多变的市场需求和企业环境，要求企业能够针对种种不确定的经济因素，及时做出科学有效的决策。财务管理不仅要对企业涉及全局性的重大事项提出决策，以制定与企业目标相一致的财务管理目标，而且对各种具体目标做出决策。如选择什么样的筹集渠道和筹集方式，决定什么样的投资方向和投资规模，企业生产经营的各个环节如何安排资金投放，怎样组织收入，怎样确定分配方案等。因此，企业财务主管人员的主要精力要放在财务决策上。财务决策是企业现代财务管理工作发展中的基础职能。企业财务管理还有下列职能。

（1）财务预测职能。财务预测是指紧密贴合实际情况、任务要求和现实条件，充分依托财务活动流转中形成的数据资料，进而对企业发展时的财务活动、财务流转、财务收益进行合理、科学的预估和测算。财务预测职能的发挥取决于财务活动历史资料的可靠程度和有关影响企业经济环境的各种信息的质量和数量，以及预测方法的正确选择和运用。

（2）财务计划职能。财务计划是财务管理人员对未来的财务活动进行规划和安排，是在财务预测的基础上，对企业经营目标和财务目标的系统化和具体化，是财务监督控制和财务分析的主要依据。财务计划职能的发挥，取决于财务计划的积极与务实程度，以及财务收支的平衡程度。

（3）财务监督与控制职能。财务监督与控制是按照财务计划目标和确定的标准，对企业财务活动进行监督、检查和调节，将财务活动的实际成果与财务计划目标相对照，发现差异，找出原因，采取措施，纠正计划执行中的偏差，以确保财务计划目标的实现。财务监督与控制职能应贯穿于企业财务活动的全过程。

（4）财务分析职能。财务分析是以核算资料为主要依据，对企业财务状况和财务成果在调查研究的基础上进行评价，分析影响计划执行的因素，挖掘企业潜力，对企业未来前景提出改进建议。财务分析职能的充分发挥，可以对企业财务状况及财务成果做出准确的判断，从而提高财务决策的正确性。

（三）企业财务管理的原则与环境

1. 企业财务管理的原则

（1）成本效益原则。以经济效益最大化作为理财目标，这是我国经济建设方针所决定的。企业经济效益主要通过财务指标如资金、成本、收入等表现出来。成本效益原则作为企业管理需要秉持的一大重要选择，成本效益原则要求管理者需要对企业所产生的一系列经济活动从收入、成本等众多方面进行系统分析，选择出在保证收益最大化的前提下所耗费的最少成本，这实质上是提高了公司的总收益。

（2）收支平衡原则。保持资金的协调平衡，是企业财务管理工作的一个基本环节。企业获得利润的同时，也标志着企业又完成了一大项目，换言之，企业又经历了一个周期的资金循环，这也就意味着新的一轮循环即将开始。可见资金的运转在企业运行过程中发挥着至关重要的作用，管理者只有在收支平衡原则的指导下，才能确保资金具有良好的流通性，从而确保企业的稳定发展。企业购产销活动的平衡是资金收支平衡的决定性因素。对于企业而言，若想实现资金收支平衡，就必须先实现生产线的高度统一，在企业的生产线上，采购原材料、加工生产、销售作为三个核心环节，三者必须相互影响、相辅相成，在企业生产过程中保持一个相对稳定的状态。收支平衡在企业发展过程中占据重要地位，企业必须采取一定的措施来维持企业的收支平衡。

（3）资金结构优化原则。合理的资金结构，能保证企业生产经营活动顺利进行，从而获得最佳的经济效益。投资者在初始投资、追加投资和转让投资时，需要分析企业当前的资本结构、获利能力和未来发展能力，通过分析销售利润率、总资产周转率、净资产收益率、资本保值增值率等，对企业的安全性和未来盈利能力进行评价。

（4）预见性原则。企业在进行市场调查、市场预测的基础上，根据国家的有关方针政策及理财环境，对产品产量进行预测后，做好资金、成本利润、现金流量、投资回收期等方面的财务预测。从而从价值方面来确定生产经营活动的最佳经济效益，为选择投资效果最好的项目提供依据。加强企业财务的预见性，是编制企业财务预算的重要依据。

企业要编制出符合实际、切实可行的财务预测，就必须对影响财务预算的各种因素进行分析和判断，预算期内拟定各种增产节约措施，并进行论证和评价。加强企业财务的预见性，是财务管理所必需的基础工作。通过预测，使企业能正确安排筹资的数量和时间，寻找合适的资金来源，保证企业生产经营的正常进行。

（5）利益关系协调原则。企业在组织财务活动中，要从国家大局出发，贯彻执行企业财务通则、企业财务制度和国家有关法律法规，处理好各方面的经济关系。

要保全投资者的资本，同时妥善处理红利分配和盈余公积金提取之间的关系，对债权人要按期还本付息；各企业之间要实行等价交换原则，促使各方认真履行经济合同，维护各方物质利益；对企业各部门、各单位的各种经济责任和经济利益进行恰当的结算和处理；企业要根据按劳分配原则来维护和职工的关系。对各种经济利益关系进行妥善处理，在国家法律法规允许的范围内进行利益的获取；对于个人利益和集体利益、眼前利益和长远利益以及局部利益和全局利益之间的关系要予以协调。处理物质利益关系时，要加强思想政治工作，提倡顾全大局，防止本位主义、极端个人主义。

（6）收益风险均衡原则。企业财务管理工作几乎都是在风险和不确定的情况下进行的，特别是在激烈的企业竞争之中，投资行为必然会承担相应的风险，因此对于企业而言，风险评估显得尤为重要。财务的一切活动都会面临一定的风险，而这也是企业追求盈利过程中不可避免的一大重要问题，收益风险均衡原则全面地解释和分析风险与收益，企业应该评估所有涉及的风险，再进行适当的投资，从而获得最大的利润。

风险的出现会使人们获得和预期愿望相违背的结果。但是从财务活动的角度来说，低风险只能获得低收益，高风险则可能得到高收益。企业要按期还本付息，须承担较大风险。而发行股票的股东要依法承担以所购股额为限的企业经营亏损责任，相对来说，企业承担的风险小。因此，无论投资者还是受资者，都要求收益与风险相适应，风险越大，则要求的收益也越高。无论市场状况如何，企业都应当对决策项目的风险和收益做出全面的分析，还要尽可能回避风险，化风险为机遇。

2. 企业财务管理的内部环境

环境是客观的，它是相对于主体而言的客体。在财务管理活动中，财务管理主体需要不断地对财务管理环境进行审视和评估，并根据其所处的具体环境的特点，采取与之相适应的财务管理手段和管理方法，以实现财务管理的目标。

（1）治理结构。公司治理是一整套法律、文化和制度性安排，用来协调企业与利益相关者之间的利益关系，以保证公司决策的科学性、有效性，从而最终维护公司各方面的利益。由于世界各国在社会传统、政策法律体系、政治体制与经济制度等方面存在差异，因而演化出多样化的融资制度、资本结构与要素市场，从而形成了不同的公司治理结构。不同治理结构对财务管理的实施也具有不同的影响。

第一，外部监控型。外部监控型治理结构，也称为市场导向型公司治理模式，即公司治理主要受外部市场的影响。这种公司治理模式以高度分散的股权结构、高流通性的资本市场和活跃的公司控制权市场为存在基础和基本特征。由于股权特征具有高度分散性，委托人和代理人的信息不对称程度扩大，因此，在经理人的监督和激励问题上主要采用与股东利益相结合的方式，如股票期权、股票赠予等。虽然股东大会和董事会的投票能够影响财务决策，但是经理人更能直接有力地影响这种决策，并且更倾向于做出高风险的投资决策。

第二，内部监控型。内部监控型治理结构，又称为网络导向型治理模式，即公司治理主要受股东（法人股东）和内部经理人员流动的影响。这种公司治理模式以相对集中的股权和主银行实质性参与公司监控为存在基础和基本特征。在这种模式下，股东和主银行在公司的财务决策中发挥显著的作用，能够限制经理人的高风险投资决策偏好。

第三，家族监控型。家族监控型治理结构，指公司所有权与经营权没有实现分离，公司与家族合一，公司的主控制权在家族成员中进行配置的一种治理模式。这种模式主要由家族领导者做出公司的财务决策，具有高效性，但是专业化程度不足，公司的内部控制体系也需要完善，并且融资规模会受到限制。

（2）组织结构。组织结构是关于组织成员或团队任务不同角色的正规说明，为组织活动提供计划、执行、控制和监督职能的整体框架，关键要素组成包括必要的工作活动、报告关系以及部门组合。组织结构会影响信息流的传递、工作的动机以及工作的有效性，从而影响财务活动。

企业应在仔细分析自身特点的基础上，寻找一种合适的组织结构，以促进形成企业内部良好的理财环境。这样才有利于各职能部门相辅相成地开展工作，有利于企业经营管理和理财决策的实施。常用的组织结构分类方式如下。

第一，直线职能式组织结构。直线职能式组织结构的纵向控制大于横向协调，正式的权力和影响一般主要来自职能部门的高层管理者。这种组织结构的优点是管理指令系统明确，每个员工都有其既定的汇报路线；缺点是管理层级过多，容易导致财务管理的灵活性和有机性差，与外界环境的关系僵化，与其他部门之间的横向协调和沟通缺乏效率。因此，这种组织结构适用于小型或中型规模组织以及只有少数产品线的大规模组织。

第二，事业部制组织结构。在事业部制组织结构中，各业务环节以产品、地区或客户为中心重新组合，每个事业部都有独立的生产、研发、销售等职能，强调了组织中的跨职能协调。这种组织结构的优点是责任明确、沟通环节清晰，每个事业部都享有一定的决策权，工作积极性和创造性强，财务管理活动对外部有效性和适应性强，能够迅速对外部不稳定、高度变化的环境做出反应，调节财务活动；缺点是职能部门之间失去规模经济效益，生产线之间缺乏协调，容易导致各事业部的目标与集团总体目标不一致，会在一定程度上影响企业整体财务管理目标的实现效率。因此，这种组织结构对大规模和产品较多的组织来讲管理效果更好。

第三，矩阵式组织结构。矩阵式组织结构吸收了直线职能式结构和事业部制组织结构的优点，既保留了事业部制组织结构中的责任追踪，又拥有直线职能式组织结构的专业优势。矩阵式组织结构的缺点是容易造成命令混乱、权责模糊或权责不对等的情况，在职能经理和项目经理之间容易产生冲突，出现多头领导问题。在这种组织机构下，制订经营计划、监管执行情况和设计考核办法等都相对简单清晰。只要以产品为主线，以产品事业部为对象，将销量、利润、费用、渠道建设等主要的经营指标分解下达给各事业部，使权责利相连，就能实现公司的总体财务管理目标。

（3）内部规章制度。企业内部有各种各样的规章制度，对企业经营管理活动进行规范和指引。这些规章制度体系的建设和实施在某种程度上体现了企业的内部管理水平。如果企业内部具有完备、健全的管理制度并且能得到严格执行，就意味着企业的财务管理具有较好的基础，企业财务管理工作具有较高的起点。这样，企业更加容易走上规范化的轨道并带来理想的财务管理效果。若企业内部规章制度不健全，或者有制度但没有严格执行，就必然给企业财务管理工作带来困难。

第一，内部规章制度体系建设。内部的规章制度体系，通常围绕着企业的六项经营活动（技术、商业、业务、安全、会计和管理）进行建设，主要包括行政管理制度、人事管理制度、生产技术管理制度、质量检验制度、企业经济合同管理制度、产品供应管理办法、销售管理制度、安全生产管理制度、审计工作制度、内部控制制度、公司薪酬制度、预算管理制度等。完善、适度、规范的内部规章制度体系，可以使财务决策有章可循，提高财务活动效率，但是过度的规章制度体系则会变成繁文缛节，收到相反的效果。

第二，内部规章制度体系的执行力。内部规章制度是否能够提高财务活动效率，除了由规章制度体系本身是否完善、适度、规范决定以外，还取决于规章制度的执行是否有效。例如，大多数较大规模的企业都制定了全面预算的管理制度，但若不能从上至下、全员参与到其中，或者即使参与制定预算但不按照一定的标准和制度执行，这些制度也只是形同虚设。

3. 企业财务管理的外部环境

（1）经济环境。财务管理的经济环境是影响财务管理的一切经济因素的总和，一般包括经济管理体制、经济发展水平、经济周期、经济政策等。

第一，经济管理体制。经济管理体制是国家的基本经济制度，是在一定的社会制度下，经济关系的具体形式以及组织、管理和调节国民经济的体系、制度、方式、方法的总称。目前，世界上典型的经济管理体制有计划经济管理体制和市场经济管理体制两种类型。中国的经济管理体制已经基本实现了市场经济管理体制的变革。

市场经济管理体制的基本特征是：政府宏观管理与调控不再是配置资源的前提，配置资源的主体是市场，企业成为"自主经营、自负盈亏"的经济实体，有独立的经营权，同时也有独立的财权。企业可以根据自身发展的需要，确定合理的资本需求，然后选择合适的方式筹集资本，再把筹集到的资本投放到效益高的项目上，最后将收益根据需求进行分配，保证企业自始至终根据自身条件和外部环境变化做出财务决策。

第二，经济发展水平。不同国家的经济发展水平是不同的，市场的成熟度也存在差距。这些都会影响企业的财务管理活动。通常将处于不同经济发展阶段的国家分为发达国家、发展中国家和不发达国家三个群体。

发达国家的市场机制已比较成熟，在市场经济环境下已经积累了丰富的理论和实践经验，因此，财务管理理论水平较高，管理活动创新能力很强，财务管理的方法和手段也更加科学、严密；发展中国家的现代商品经济相对起步较迟，市场经济发展水平不高，但发展中国家企业财务管理的内容和方法手段能够在学习发达国家先进理论的基础上快速更新，同时受政策影响显著，出现不是很稳定的特征；不发达国家经济发展水平低，企业经济活动内容简单，企业规模小，因而，无论在财务管理的内容、方法还是手段上，都落后于发达国家和发展中国家。

第三，经济周期。经济周期是指在整个国民经济活动中所出现的由扩张到收缩的循环往复。这种循环往复呈现周期性波动特征，主要包括经济复苏阶段、经济繁荣阶段、经济衰退阶段和经济萧条阶段。这种起伏更替的周期波动直接影响几乎所有的产业和企业。在经济周期的不同阶段，企业的规模、销售能力、获利能力以及相关的资本需求都会表现为不同的特征，对企业的财务策略会产生不同的影响，因而会影响财务管理的手段、方法。

第四，经济政策。经济政策是国家进行宏观经济调控的重要手段。国家根据不同时期社会经济发展的战略要求制定出不同的经济政策，包括产业发展和升级政策、经济结构调整政策、区域经济发展政策、金融政策和财税政策等，构成了现代企业重要的财务管理环境，对企业的筹资、投资和收益分配活动都会产生重要影响。

（2）法律环境。财务管理是一种社会行为，一定会受到法律规范的约束。目前，直接影响财务主体的财务机制运行的重要法律规范主要包括财政税务法规、金融证券法规、财务会计法规、企业组织类法规等。

第一，财政税务法规。税收是国家凭借政治权力无偿征收实物或货币，来取得财政收入的一种手段。由于国家财政收入的主要来源是企业所缴纳的税金，而国家财政状况和财政政策对企业资金供应和税收负担具有重要影响，同时，国家各种税种的设置、税率的调整还具有调节生产经营的作用。因此，企业的财务管理决策应当适应税收政策的导向，合理安排资金投放，以追求最佳经济效益。

税法是由国家机关制定的、调整税收征纳关系及其管理关系的法律规范的总称。中国税法的构成要素主要有征税人、纳税义务人、征税对象、税目、税率、纳税环节、计税依据、纳税期限、纳税地点、减税免税、法律责任等。中国现行税法规定的主要税种，包括增值税、消费税、资源税、企业所得税和个人所得税等。税负是企业的一种费用，会增加企业的现金流出，对企业财务管理具有重大影响。

第二，金融证券法规。针对金融市场及相关金融证券的法规既为企业提供了一个规范化的财务管理环境，同时也对企业的财务管理活动提出了严格的要求，主要的金融证券法规包括《中华人民共和国证券法》《中华人民共和国人民银行法》《中华人民共和国商业银行法》《中华人民共和国票据法》《企业债券管理条例》《支付结算办法》《信用卡业务管理办法》《中华人民共和国外汇管理条例》《信贷资产证券化试点管理办法》等。

第三，财务会计法规。财务会计法规制度是规范企业财务活动、协调企业财务关系的行为准则。财务会计法规对于促进企业依法自主经营、自负盈亏、自我发展、自我约束，使企业成为产权明晰、权责明确、政企分开、管理科学的现代企业，具有重要的意义。

第四，企业组织类法规。关于企业组织的法规直接决定了企业财务运行可能的方式和环境。企业组织类法规有《中华人民共和国公司法》《全民所有制工业企业法》《中华人民共和国个人独资企业法》《中华人民共和国合伙企业法》《中华人民共和国乡镇企业法》《中华人民共和国中外合资经营企业法》《中华人民共和国中小企业促进法》等。不同组织类型的法规对于不同企业的投资、筹资和分配政策以及相关的公司治理机制安排都做出了不同的规定，在很大程度上影响了企业的财务管理行为。

（3）文化环境。财务管理的文化环境是指对财务活动的形成和发展具有制约和影响作用的各种文化因素的总和，包括思想观念、价值趋向、思维方式、行为准则以及语言文字、风俗习惯等。在不同的社会或地区，不同文化因素组成的文化环境会表现出明显的差异。

文化分为专业文化和社会文化两类。"专业文化"是指该特定的专业群体为其专业目标的实现而共同遵守的社会主义核心价值观和共同的价值取向，充分体现专业群体成员共同的追求与理念，是对专业中个体行为形成内在和外在的指导与规范。"社会文化"是指在相应社会系统、社会关系中获得社会属性、具有社会功能的文化现象、文化客体。这种文化几乎存在于每一个社会环节中，如价值观念、道德水平等。

第一，专业文化。财务管理作为一门独立的学科产生于 19 世纪末，但其理论是在 20 世纪 50 年代以后才取得巨大进展。这主要是由于数学和计算机等专门技术在财务管理领域的广泛应用，如资本资产定价模型、期权定价模型和套利定价理论等都依托于数学的推导方法。财务管理从以定性管理方法为主逐步发展为定性与定量管理方法并重，主要得益于效用理论、线性规划、概率分布和模拟技术等数量方法在财务管理研究中的应用，例如，在财务风险的控制和财务决策中，理财的数量化方法占有很高的地位。21 世纪以来，随着计算机技术和网络技术的迅猛发展和广泛应用，财务管理在手段上完成了从手工到信息化的飞跃，理财效率迅速提高，扩大了信息处理和传递范围，为及时、准确、充分地处理和传递各种信息提供了可能，形成了网络化的财务管理信息系统。基于这种平台与技术，一些远程的管理、控制及跨国财务活动已成为现实。

第二，社会文化。在财务管理领域，社会文化是一种非常重要的因素，它涉及特定社会中对财务问题的看法、信仰、价值观念、道德规范、风俗习惯、传统文化等方面因素的影响。这些因素对于财务决策的制定和执行都具有深远的影响。

社会文化的差异会对财务决策产生影响，在不同的文化背景下，人们对于财务问题的看法和态度都可能存在明显差异，这会导致不同国家和地区的财务管理存在很大的差异。比如，在某些文化背景下，个人储蓄被重视，而在另一些文化背景下，消费和快乐是更为关键的价值观。因此，在制定财务决策时，需要考虑到当地文化的影响，以便更好地适应当地情况。社会文化的差异还会影响财务决策的执行。在某些文化背景下，人们可能更注重个人关系和信任，而在另一些文化背景下，形式和流程的规范可能更为重要。因此，执行财务决策时，需要考虑到当地文化差异，对执行方式进行适当的调整，以克服由文化差异带来的困难。

总的来说，社会文化对于财务管理的决策制定和执行都起着举足轻重的作用。在跨国企业和国际商务中，了解并适应当地文化是取得成功的关键之一。

二、企业财务管理的内容体系

（一）企业筹资管理

1. 企业筹资的分类

企业筹资是以企业为主体，以生产管理经营、合作投资贸易和资本结构优化为目标，依托特定渠道载体和方式方法进行资金获取的一种行为。资金的筹集和运用是企业财务管理的一项重要内容，它关系到企业的日常盈利及发展能力的水平。因此，探讨资金筹集中可能出现的问题并加以解决，对于巩固企业的长远发展具有十分重要的现实意义。

根据标准的不同，企业筹集的资金主要有以下分类标准：

（1）以资金来源的渠道为标准，可以将企业筹集资金分为权益性筹资和负债性筹资。

权益性筹资是指现代企业依托内部积累资金、吸收现有直接投资或发行股票等手段筹集到的资金，也可以称为自有资金筹资。这种"权益性"筹集方式的优势是财务风险较小，并且一般不用还本。

负债性筹资是指现代企业依托筹资租赁、发行债券、向银行借款等手段筹集到的资金，也可以称为借入资金筹资。这种"负债性"筹集方式的优势是资金付出成本比较低，但是相对于权益性筹资，风险较高，到期后需要按约定归还本金，同时支付利息。

（2）以资金筹集后的使用期限为标准，可以将企业筹集资金分为长期资金筹集和短期资金筹集。

长期资金筹集的使用期限往往在一年以上，或者具有超过一年的单个营业周期。这种长周期资金往往来源于发行股票或债券、吸收直接现有投资、筹资租赁、长期借款和利用留存收益，投资的重点大多是新产品、新技术的开发探索和推广应用，以及扩大企业生产规模、修缮厂房、更新设备等，基本要等几年甚至十几年的时间来收回资金。

短期资金筹集的使用期限往往在一年以内，或者具有超过一年的单个营业周期以内。这种短周期资金往往来源于向银行短期借款、转让应收账款、发行短期筹资券及商业信用贷款等，投资的重点往往是应收账款、存货和现金等，基本上在短期内都能收回资金。

2. 企业筹资的渠道

筹资渠道主要指所筹集资金的源头方向和流动渠道，其表征着资金的来源与流量。当前，我国现代企业主要有以下筹资渠道。

（1）银行信贷资金。银行信贷资金是我国当前绝大部分现代企业最主要的资金筹集来源。就我国来说，一种是以盈利为目的的、以信贷资金投放为主要业务的商业性银行（金融机构），其主流业务就是为企业提供商业贷款；另一种是不以盈利为目的的政策性银行，其主体业务就是为部分企业提供政策性贷款。

（2）其他金融机构资金。在当前社会的经济格局中，一些主流的保险公司、证券公司、金融租赁公司及信托投资公司既能够作为经济个体向部分企业提供相当额度的资金支持，也可以充当金融服务机构的角色提供信贷资金投放、物质流转流通等金融服务。

（3）其他企业资金。根据市场经济的特定规律，大部分企业在生产经营管理过程中都会积累一些短期、暂时闲置的资金，这些资金完全可以用来进行投资，进而为其他企业提供资金支持和来源。此外，企业与企业之间可以充分利用商业信用方式开展购销工作，进而在企业间形成特定的债权债务关系，这时，债务方就可以形成对债权方短期资金的占用优势。

（4）居民个人资金。从民间群众角度来看，部分企业职工和地方居民个人都有一定的结余资金或存款。这些"个人资金"与银行资金、金融机构资金并无瓜葛，逐渐构建了民间资金的流通渠道，也可以为现代企业提供资金来源。

（5）国家资金。国家资金的投入往往有两种：①直接性投资，即以国家财政名义，直接向国企特别是国有独资企业进行拨款，这也是很多企业的资金获取主渠道；②政策性注资，即通过国家层面政策性减免税款等手段，帮助企业反向获取资金，这也是国家投入资金的一种重要表征方式。

（6）企业内部资金。企业内部资金的主要特点就是无须筹集、内部形成、自动生成，其主要包括企业的未分配利润和提取公积金等，也称为企业自留资金，可以直接由企业内部自动生成或转移。

3. 企业筹资管理的对策

（1）优化资本结构。现代企业为了尽可能降低财务风险，就需要合理发挥财务经济杠杆的作用，通过优化资本结构来推动股权和债券始终保持良性资本的结构关系，进而防止债务过高。特别是在资金筹集活动中，秉持优化资本结构的理念，会注重提高债务资本占比、降低股权资本占比。在遴选资金筹集方式手段时，也会对各种手段的难易繁杂程度、成本风险因素、资金使用期限等进行综合考量，帮助形成更合理的资本结构。

现代企业在经营发展中，应该始终强化内控机制，细化落实资本管理，扭住生产经营和资本累积两个抓手，最大效益化规划资金、使用资金、管理资金，进而提高企业内循环中的资金筹集潜力。同时，现代企业要通过强化信用管理控制、强化信用督导评价、强化信息透明可视程度等手段，进一步增强自我财务实力和融资能力，有利于获得更多的对外融资。

（2）完善筹资管理制度。现代企业在资金筹集中遇到的常规性问题，大部分都源于制度不健全、理论不先进。因此，企业经营主体和财务管理主体，应高度重视并着力强化筹资工作的管理意识和风险意识，积极顺应市场潮流探索建立现代企业系统制度，通过完善筹资管理制度提高管理的科学化政策性水平。

第一，适时引进先进企业、头部企业的经营管理模式，大力推动制度变革和创新，通过强化内控机制运行提高企业软实力，大力加强自身能力建设，实现内循环下的资金积累。

第二，抓住财务管理制度形成具有企业特色的财务发展战略，着力健全资金管理体系，迭代更新及时准确的财务数据，进一步增强财务数据的透明度和可信性。

第三，在企业内部结合实际建立恰当的信用管理体系，保证信用高水平、信任高水平、信息高水平，此举可有效拓宽资金筹集通道，使现代企业的运营管理更加现代化、稳定化。

（3）科学预计资金需要量。现代企业只有在清楚掌握底数的情况下才能有序做好资金的筹集管理工作。这个底数就是该企业资金的需求量。对需求量进行合理预估时，企业要注重从三个维度进行计算，即企业的战略发展目标、财务管理规划和经营发展规模，进而根据预计出的需求量研究资金筹集方案，算成本、算进度、算流程、算效益，学政策、定计划、谋策略、划阶段，进而稳妥、便捷、高效地开展资金筹集活动。

（二）企业投资管理

1. 企业投资管理的重要性

在我国融入新发展格局、推进高质量发展中，现代企业已然是经济社会发展的一项重要组成部分。企业发展好，经济全盘好；企业发展稳，经济全盘稳；企业发展健康，经济全盘才能健康发展。作为地方经济社会发展的关键支柱，企业对于振兴经济、促进税收、推动共同富裕有着重要的社会效益和价值作用。企业在发展中进行投资管理，既可以助推企业的经营发展，又可以提供一批就业岗位，帮助解决就业、民生等社会性问题。

当前，占我国市场经营主体的企业大多数驻地都在乡镇农村区域，这一现状大幅解决了村镇居民的就业困难，帮助地方政府解决了很大的就业压力。因此，要合理科学地规划投资管理目标要做到两方面：一方面，可以助推地方经济发展；另一方面，可以有效缓解就业压力，帮助当地居民增加收入来源。在当今经济社会发展中，企业要想做大做强、持续发展，就要勇于处理复杂的市场经济条件，善于利用优渥的营商服务环境，紧密结合实际、科学合理地开展投资，进而实现资源再调整、资本再优化、利润最大化、效益最大化。这样才能通过不断规范企业管理、优化企业投资，来推动现代企业持续稳定发展。同时要注意到，在企业投资管理活动中，既要坚持以效益为导向，又要坚持以规范为底线，努力结合实际去调整自身的投资管理制度和办法。

2. 企业投资管理的对策

（1）增强企业投资风险管理。企业投资是一项很宏大的课题，具有丰富的知识结构和逻辑表达，要想科学规范加强现代企业的投资风控，最首要的就是关注学习中央人民政府制定下发的产业经营政策规范，通过研究法规制度、把准发展趋势、探索投资实践，既能防止盲目投资，又能在宏观层面实现恰当指引，帮助企业理性客观地开展投资。用好企业自身人才队伍，发挥数据分析、数据治理、数据融合的体系优势，坚持以市场经营为根本、以经济效益为导向，紧紧跟上时代发展步伐，加强行业间和行业内部的调查分析研究，进一步把准方向、控制成本、规避风险、取得效益，及时准确真实地掌握市场发展新形态、新体制，因时因势调整优化投资方案，避免盲目投资、防止被市场淘汰。

（2）加大企业投资管理的监督力度。如果企业想要顺利合理开展投资活动，并持续强化方向性、目的性和有效性，既要注意建立健全并不断完善内部管理制度，又要在企业内部强化对投资管理活动的监督检查和智能管控，同时，内部监管部门要与外部相关力量做到力量协同、覆盖互补，既要独立，又要公平，进而帮助企业减少盲目投资，降低可管控风险。同时，注意监督监管的过程性、连续性和动态性，从根本和源头上遏制投资风险发生。监管人员也要加强教育培训，掌握必要的业务知识，保证监管效果，提供监督保证。

（3）积极引进和培养专业的投资管理。企业投资管理的专业性和特殊性较强，企业要注重在这方面引进相关专业人才，既注入新鲜血液激发发展活力，又可以强化梯队建设实现效益最大化。使用好、激发好这些专业人才所具有的综合素质能力、前瞻理论思维、处理问题思想和解决问题能力，同时，加强对该领域人才的培养和鼓励，探索建立科学的教育管理制度、清晰的晋升发展道路，因人而异加强跟进发展。此外，还要注重培训、考核两个抓手，助推该领域人才激发自身潜力、提升综合能力、创造更大价值。

（三）企业成本管理

1. 企业成本核算的重要性

财务成本管理是财务理论基础的重要组成部分，也是企业健康发展的重要基础，具体作用如下。

（1）通过企业财务成本核算，企业高层管理决策者可以获取企业升级与改革的基础依据。企业要想壮大与发展，必须在合理的运作中获取高额利润，而成本核算可以精准地为决策者提供成本可优化基础资料。

（2）财务成本核算可以为企业各组织、各部门在日常经济活动中提供帮助。相反，也只有各部门组织按期向财务部门提供与本职能工作有关的各类数据，才能将整个企业的财务成本进行客观、真实的核算。

（3）通过对财务成本核算结果进行分析与研究，可以有针对性、科学地对企业内部资产进行合理的组织与分配。一个企业的成本构成包括人才成本、劳务成本、原材料成本、机械设备、财务成本、管理成本等。所以，企业在选择项目或者产品前务必要充分掌握和了解市场需求动向及投资回收的可行性。

2. 企业成本管理的特点

现代化企业管理模式更多的是强调生产运营低成本、高效率、高质量，在企业战略发展上与世界接轨，从长远、全局的高度提升自我。现代化企业在成本管理上与传统企业相比有众多优势，其主要特点如下。

（1）现代化企业管理，在成本管理与控制上要做到科学与合理，但是不代表一味地压缩成本减少支出，而在合适的时候，或者把握住机遇后，该支出的时候一定要支出，因为这类支出并不是纯粹的费用成本，这会在未来某一时间段或时间点获取相应的利润。

（2）在成本管理中，企业是站在整个企业运行和发展的宏观高度，要求企业的成本控制要从全局出发，通过整个产品从立项、可研、设计、投产、运营整个经济环节进行分项管理与控制。

3. 企业成本管理的内容

企业成本管理是一种财务职能，是企业发展过程中各类经济与财务的分工与管理。依据不同的标准，成本管理内容如下。

（1）成本预测。成本预测是成果管理的一个重要组成部分。通过对财务成本进行预测，其结论或者结果是相对准确的，但是，这种推测是建立在对过去历史经济数据统计分析的基础上权衡判断的，所以又带有一定的不确定性。这种不确定性主要在数据的可靠性与结论的近似性对立与统一中产生的。

对于成本预测职能的基本工作环节包括以下四个方面。

第一，以企业的总体目标为指导，进一步提出初步成本目标。

第二，进行初步预测，就是按照目前企业自身客观实际条件，在预定的期限内可以实现的成本，并找出与目标成本之间的差距。

第三，制订多种成本降低方案，然后通过计算统计实施后成本达标水平，最终优中择优选定合理的成本目标。

第四，选取最优成本方案。对于企业成本预测的常用方法主要有：定量预测法、趋势预测法、因果预测法、定性预测法以及成本预测的高低点法等。

（2）成本核算。在进行成本核算的时候，最先要做的事就是对生产经营的管理费用进行审核，以便对生产经营的相关管理费用和产品成本，进行直接的控制和管理。需要看看这些生产经营活动是不是确实都已经发生过了，看看它们是不是都是应该且必要发生的，那些已经发生过的生产经营活动，在计算产品的成本时是不是应该将其计算进去。在此之后，可以根据用途的不同，对已经产生的各种费用进行分类整理归纳，对于各类产品的总成本以及单位成本进行计算，在对成本进行管理的时候能够掌握更多更真实的资料。

在进行成本核算时，以下内容都是需要包含在内的。

第一，对进行成本核算的最终目的进行确定。一般来讲，进行成本核算的目的是有很多的，比如说，对销售成本进行计算、对存货进行计价、对收益进行确定等，此外，进行成本核算还可以帮助人们进行成本的控制和决策，对产品进行定价等。

第二，对进行成本核算的对象进行确定。进行成本核算的目的不同，就意味着核算的对象也是不同的。比如说，如果核算对象是各类、各批次、各个不同生产步骤的新产品，所要做的就是对产品的单位成本和总成本进行计算；如果核算的对象是各个责任单位的话，所要做的就是对责任成本进行计算。

第三，成本控制。企业成本控制是指企业按照事先制定的成本制度和管理控制目标，通过对各种可能影响企业成本的因素和不利条件等加以管理控制，从而在成本过度耗费之前首先采取有效措施进行风险预防和成本控制，以保障成本制度和管理控制目标的实现。

根据成本控制时序，企业成本控制主要包括三个阶段：①事前成本控制，这是整个成本控制活动的重要环节，直接影响着整个作业管理流程的成本；②事中成本控制，这是对整个物流运营成本进行事中控制，包括对人力、物力、财力以及劳动工具等费用支出的控制；③事后成本控制，即及时发现和纠正企业存在的成本问题，以确保成本控制目标的实现。

（四）企业预算管理

1. 预算与企业财务预算

预算是面向未来，围绕企业业务活动、管理活动对企业资源优化配置的一种规划。具体讲，企业预算是以经营目标为指引，以经营计划和管理权责为纽带，由负责预算的各个部门预计未来资源需求、估算当前资源基础和未来资源的可获得性，从而完成资源供求匹配的一种资源配置计划。预算的主要特点是预计资源供求、响应经营计划，既有预计也有估算，既有财务资源的计划，也有非财务资源的计划，故预算被称为企业管理上的"计划之手"。

在本质上，预算是围绕企业业务流程和管理流程，完整反映资源配置过程与预计配置结果的一种管理手段。在逻辑顺序上，预算通常是基于业务流程和管理流程预计各项资源的需求和供给，然后采用货币计量形成资源配置后的预计财务结果，从而使得预算具有自成体系的内在勾稽关系。

财务活动是指企业资金运动过程中的资金筹集、使用及利润分配等活动的总称，包括资金筹集、资金使用和利润分配三个基本环节；经营成果是企业在一定时期内从事生产经营活动所取得的最终成果；财务状况是指企业一定时期的资产、负债及权益情况，是企业一定时期财务活动结果的综合反映。企业预算的基础是企业的决策和预测，进而以金额和数量的形式，将企业未来一定时期内的财务、经营和投资等活动的具体计划反映出来，是针对企业的目标实现而安排的各种资源和企业活动的过程。通常来说，专门决策预算、日常业务预算和财务预算是企业预算的三大类。

2. 企业的利润预算

利润预算是预算期内企业经营活动成果及利润分配的预算。

（1）利润预算的主要内容。利润预算主要包括利润表预算、营业外收支预算和利润分配预算。

第一，利润表预算。利润表预算是预算期内企业经营活动成果的预算。它以动态指标形式总括反映了预算期内企业执行经营预算及其他相关预算之后的效益情况。

第二，营业外收支预算。营业外收支预算是预算期内企业与日常经营活动无直接关系的各项利得和损失的预算。它总括反映了预算期内企业经营成果之外的收益与支出情况。

第三，利润分配预算。利润分配预算是预算期内企业对净利润以及以前年度未分配利润进行分配的预算。它总括反映了企业对预算期内实现的净利润以及以前年度未分配利润在各个方面进行分配的数额和过程。

（2）利润预算的重要性。利润预算的重要性来自利润的重要性和利润预算本身的功能作用。

第一，追求利润是企业经营的动机。利润是个差额概念，是收入与成本费用相抵后的余额，反映了企业一定时期的经营成果。企业实现的利润越多，向国家缴纳的所得税就越多；利润是企业发展的经济源泉，企业实现的利润越多，企业进行发展的自有资金就越充足；利润是进行股利分配的基本依据，企业的税后利润越多，投资者从企业分到的股利就越多；利润反映了企业的获利能力，企业实现的利润越多，获利能力就越强，债权人对企业就越放心，经营者就会越开心，企业员工就会从企业的税后留利中得到更多的福利和好处。可见，追求利润是企业经营的基本动机。利润预算作为反映企业预算期内实现利润情况的预算，其重要性可见一斑。

第二，编制利润预算利于提高企业经济效益。①通过编制利润预算，可以从总体上掌控企业在预算期内的收入、成本、费用和利润的实现及构成情况，可以据此分析影响利润形成和变动的重要因素，分析、评价企业的盈利状况和经营成果，促进企业不断改进经营管理，不断提高经济效益；②利润预算作为综合反映企业经营活动及其成果的预算，可以展示企业的获利能力和发展趋势，为投资者、债权人、经营者进行投资决策、经营决策提供资料依据；③通过编制利润预算，企业不仅可以实现预算期内经营活动、投资活动、财务活动与企业战略规划及经营目标的协调统一，而且可以通过编制分部门的利润预算，落实各自的利润责任，实现以利润为目标的综合管理。

3. 企业的现金预算

（1）现金预算的主要内容。现金预算由四部分组成：现金收入、现金支出、现金多余或不足、资金的筹措与运用。

第一，现金收入，包括期初现金余额和预算期现金收入，主要有现销收入、收回的应收账款、应收票据到期兑现和票据贴现等，该数据可从销售预算的预计现金收入表中获得。

第二，现金支出，包括预算期的各项现金支出。主要有材料采购、工资、制造费用、销售及管理费用、税金、利润以及资本预算支出等。

第三，现金多余或不足，指现金收入与支出相抵后的余额。若余额为正数，则表示现金有盈余；若余额为负数，则表示现金不足。

第四，资金的筹措与运用。当企业预算期内现金不足时，须向银行借款或发放短期商业信用来筹措资金；当企业预算期内现金有多余时，可通过偿还借款或进行短期投资来运用资金。

（2）现金预算的作用体现。现金预算的作用主要体现在以下方面。

第一，现金预算是现金流管理的工具。现金流是以收付实现制为基础反映一定期间内企业的现金流入量和流出量。如果把企业比喻为人的躯体，那么现金流就是企业的血液。人的生存离不开血液，企业的生存离不开现金流。企业的资产规模再大，账面利润再多，一旦现金流中断，就会引发财务危机，严重的还会导致企业破产。因此，现金流无论对于企业的经营者、投资者，还是债权人，都是十分重要的。企业管理以财务管理为中心，财务管理则应以现金流管理为重点，编制现金预算正是企业加强现金流管理的重要措施。

第二，利于企业事先对现金收支活动进行计划。透过现金预算，人们可以清楚地看到企业的现金何时来、从何而来、何时用于何方，从而通过对现金收支及持有量的合理安排，确保企业各项生产经营活动的顺利进行。如果没有现金预算，企业将无法对现金收支活动进行合理的计划、平衡和调度，就有可能使企业陷入财务困境。

第三，可以调剂现金余缺。期初现金余额加上预算期现金收入，再减去预算期现金支出和期末现金余额，就是预算期应该融资的数额。如果现金余缺为正数，可以安排投资；如果现金余缺为负数，则必须筹措资金。因此，现金预算可以清楚地表明企业预算期内的现金多余或不足状况，从而有利于企业制定预案，既避免由于现金多余而造成资金浪费，又避免由于现金不足而影响企业经营活动、投资活动和财务活动的顺利进行。

第四，提高企业对到期债务的偿付能力。能否偿还到期债务，是衡量企业偿债能力强弱的重要标志。一个企业一旦缺乏偿债能力，不仅无法获得后续债务资金，而且还会因无力支付到期债务而被迫出售资本性投资项目或拍卖固定资产，甚至会给企业带来破产的厄运。因此，企业通过编制现金预算，可以提高对到期债务偿付能力的预见性，有利于提前采取措施，合理调配资金，确保到期债务的按时偿付。

第五，可配置财务资源。合理调控企业的经营活动和资本性投资活动。编制现金预算，不仅是对其他预算中的现金收支活动进行汇总，更重要的是通过合理调配各类预算中的现金收付时间和收付数额，促使企业各项业务活动的开源节流，实现财务资源的最佳配置，并通过对现金收付的调控，实现对企业各项业务活动的合理调控。

4. 企业的利润表预算

在财务管理中利润表和资产负债表预算都是重要的工具。将财务信息提供给外部报表使用人是其主要目的。当然，这并不能说明对企业经理人员来说常规财务报表没有价值。企业财务管理服务是财务报表预算的主要内容，财务报表预算作为一项重要手段，能够控制企业资金、利润和成本的总量。因此，财务报表预算通常被称为企业的总预算，能够对一定期间内企业的经营全局情况进行总体反映。

5. 企业的资产负债表预算

资产负债表的格式和内容是资产负债表编制的主要依照内容，是对企业预算期期末的财务状况进行综合反映的报表。以上期期末资产负债表为基础，调整资本、销售和生产等预算提供的相关资料编制而成的是预计资产负债表。对预算所反映的财务状况流动性和稳定性进行判断是编制预计资产负债表的主要目的。

第二节　企业财务管理的程序与有效提升

一、企业财务预测及其强化策略

（一）企业财务预测及其意义

财务预测是指企业根据发展目标和生产经营的需要，以现在的财务资源情况为基础，通过财务流程和测算方法来对财务预测数据进行计算和衡量，对财务配置资源进行优化，所有的数据都会在企业生产经营活动和财务决策中进行运用。

企业财务控制的主要措施是企业财务预测，它不仅是企业发展战略实施的重要途径，还是企业财务管理的重要组成部分。企业财务数据未来的发展方向可以通过财务预测来实现，企业未来财务资源利用情况的相关数据也是通过财务预测来进行的，企业财务预测可以提供具有参考价值的管理决策，能够对企业财务资源配置进行优化，对企业了解市场发展现状和市场发展趋势的把控有重要作用，能够帮助企业节约资源，全面提高企业资源的利用率。

在企业预测期，根据市场内外部现状，结合科学测算模型来对企业财务数据信息进行整合的过程就是财务预测。财务预测管理最终要达到企业高效运作、实现企业经营目标和避免企业财务风险的发生。企业财务预测的意义如下。

第一，企业和市场产生的关联是通过财务预测实现的。企业决策的核心之一是进行市场调研预测，这是最基础也是需要提前布局的部分，所以，企业通过优质的财务预测成果，能够更好地对企业资源配置进行优化，全面提高企业资源的使用率，以达到利益最大化，这对于企业的生产竞争力具有提升作用，有效对接市场的发展。

第二，企业财务风险的规避需要财务预测提供保障。财务资源在获取和使用的过程中都有风险性。特别是支付风险问题尤为突出，财务预测过程中，除了现金流和其债权关系外，具有科学性和合理性的预测计划也是帮助企业降低财务风险的重要手段。

第三，企业长久发展效益需要财务预测提供保障。企业战略管理中，财务预测的地位占比很重，企业如果只注重短期发展，不重视企业战略发展这一基础问题，则不利于企业长远发展目标的实现。

（二）企业财务预测的强化策略

1. 选择合理的预测角度

（1）优化辅助信息的披露。企业的财务预测工作不仅要披露相关企业的信息，还要对相关信息进行披露，主要包括：①能够帮助其他人员理解财务报表的重点资料；②除了效益、成本等重要因素外的次要信息；③与报表信息补充相关的统计数据信息；④对企业的相关评价信息；⑤企业未来发展的预测信息等。

随着辅助信息的不断完善，相关人员对于企业的基本情况就会有一定的了解，并以此对企业的实力和运营能力进行评估，以全面了解企业的经营现状，提出有利于企业长期发展的相关建议。财务预测解读的时候，尽可能地将背景讲清楚，对企业战略发展方向进行最详细的了解，从而对企业的价值进行深入理解。

（2）财务报表与报注相结合。开展企业财务预测工作的时候，相关人员可以通过报注的形式来对相关财务难点进行提醒，这样有助于使用这个财务报表的人员尽快理解报表中的相关信息，将报表的作用发挥出来。利用报注和财务报表相结合的方式，除了能够大幅度提高财务预测工作的效率外，还能够将财务报表的价值发挥到最大化。财务报表的作用是基础作用，只有当它具有可读性的时候，才能利用财务报表来对财务预测工作进行解读，并使财务预测的作用获得提高，减少因为沟通不到位导致财务预测工作拖延的现象出现。

（3）财务预测与非财务预测相结合。企业进行财务预测工作的时候，财务预测方面是重点。但是，在企业财务报表工作中，除了财务预测工作外，非财务预测工作也有不可替代的作用。企业进行财务预测工作的时候，要合理利用多种方法和手段来提高经济效益，获取利润最大化，不断开拓市场，想要达到以上的目标，就要不断提升企业员工的素质，为全体员工提供良好的工作环境。因此，企业进行财务预测工作的时候，充分结合财务预测和非财务预测工作，从而让管理者对企业当前的状况有一个全面的了解和判断。

2. 建立企业财务预测管理体系

（1）建立企业全面预测管理体系。企业财务预测的核心是预测管理，这是使企业财务管理组织体系不断得到优化的重要步骤，可以通过开设相关的预测管理部门，通过制定专项负责制度来严格管控财务预测工作。设置好相关的财务决策部门后，就要研究和分析能够开展的经济效益，通过这些工作来为企业经营决策提供战略思路。

企业会计核算中心的主要工作是对会计进行核算及其相关配套工作，这有助于提高资产管理水平，帮助企业实现资产高效配置。内部审计部门的设立也不可缺少，这个部门主要是对财务预测部门的相关工作进行监督和管理。企业还要建立分层预测管理体系。根据企业发展战略要求设置预测发展部门，对企业的预测方案进行实施，对相应的预测编制和执行工作进行落实，将分层预测考核机制进行落实，确保预测工作全面开展。

（2）建立企业财务预测培训体系。在实践中，建立高效的财务预测培训体系是财务预测管理的重要组成部分，该体系可以通过专业的培训提高相关财务工作人员的能力，以适应不断变化的工作环境。为了实现这一目标，企业需要通过具体的项目来进行财务指标测算的培训，主要包括以下四个方面：

第一，财务测算的原因、主题范围、布局和内容以及实施计划等。

第二，对财务监督、会计核算、费用审核等方面进行讲解和培训，包括财务规章制度、发票管理、固定资产管理等内容，以确保员工能够按照规范的财务操作和报销流程工作。

第三，在财务预测过程中，注意关注项目实施方案的具体情况，并根据招标文件和与相关部门的沟通，注意投融资方面的思路。

第四，掌握 Excel 等办公软件的操作技巧，以方便进行财务测算。

建立完善的财务培训体系后，财务工作人员还可以通过开展讨论会议等形式，讨论投融资渠道、项目选择等实际问题，实现知识共享、互助学习的效果。

第二章 企业财务管理及其法律风险防范

73

同时，企业要重视思想统一、工作任务明确、执行标准严格等方面的管理，以保障财务管理工作顺利进行，全面提高财务预测管理水平。

（3）建立外部财务预测信息披露和监管体系。从企业管理工作来看，财务预测工作是以市场发展现状为前提的，证券公司的财务预测是最重要的，他们要全面把握企业财务预测信息，这样做的目的是通过企业提供的未来财务信息和利润预测来解决企业管理者和投资人在信息上出现的差异问题，帮助投资者进行决策，帮助企业进行最优资源配置。

二、企业财务决策及其创新变革

筹资、投资、成本是企业财务决策的主要内容。这些是建立在以财务信息资源为前提的情况下而言，通常通过绩效评估和决策计算手段来衡量相应的工作。企业要对资金的来源、资金的使用进行谨慎的筛选，并做出财务决策，以此来保障财务活动能够获得经济效益最大化。现代社会竞争日益激烈，企业财务决策的合理性和有效性直接决定了企业的发展格局，已经成为企业在竞争中的重要竞争力。

以最小的成本获取最大的利润是企业管理者追求的主要目标，企业获取的收益越多，经济实力越强，在市场竞争中就越处于有利的地位。企业财务决策与企业的经营管理水平密不可分，其依赖于日常的营运资本和财务管理，在企业管理中居于举足轻重的地位。

（一）企业财务决策的必要性

1. 利润最大化的需要

投资者之所以投资开办企业，总是基于良好的经济效益预期，以最小的成本获取最大的利润是企业经营者的追求。国家作为全社会的管理者，也是要求企业努力实现更多的收益，以此作为社会和国家发展与进步的基础。实现利润越多，企业的财务实力越强，就越接近企业的目标，获取尽可能多的利润也就成为企业的主要努力方向。财务决策通过以下渠道为利润最大化服务。

（1）调节资源配置。企业的利润由收入和成本支出的差额而来，企业要使利润变化有利于自身的发展，就必须在增加收入和减少支出上下功夫。企业财务决策是为了满足各个财务主体对财务的控制而存在的，通过财务活动的计划和控制，可以及时甄别各种投资、筹资渠道的优劣，满足企业生产经营活动、对外投资活动、企业内外筹资活动对财务管理的要求，合理调整企业的资本结构，使企业资本达到最佳配置利用状态。合理的资本配置主要包含两方面：一方面，通过合理的投资、筹资活动使企业的闲置资金能够带来相应的货币收入；另一方面，能使企业的财务活动有可能享受其他企业的折扣、国家税收等优惠待遇，企业能以最小的财务费用来完成财务活动。

（2）控制财务风险。企业的财务活动要承担一定的风险，债务资本与企业资本比例的高低会影响企业的债务成本。企业的投资方向有可能发生偏差，企业的营运资本管理有可能并未能使企业的负债、资产运转状况处于最优，估价、收益分配、改组清算的财务标准确定有可能不尽如人意，这些因素都会对企业的收益造成一定程度的冲击，合理评估企业的财务风险很有必要。不同来源的资本所带来的财务风险不同，财务决策的程序包括分析、规划、控制等环节，能够通过一系列的财务指标揭示各种资本间的财务风险差异，为企业科学选择资本结构、控制财务风险提供了依据。

2. 支撑企业生存的需要

企业一方面支付货币从市场购进所需要的资源，另一方面提供市场所需要的商品、劳务以取得货币收入。一个企业要维持经营、具备强大的竞争力，从市场取得的收入就不能低于为购进资源而支付的货币，这是企业生存的基本条件之一，否则企业就会无法维持简单的生产经营。如果企业长期收不抵支，企业就没有足够的经济实力从市场购进资源，企业的经营规模和业务量会相应萎缩，扭亏无望的企业没有存在的必要，经营者出于减少损失的需要应主动停止营业。

企业生存的另外一个威胁来自不能偿还到期债务，这是企业终止的直接原因。亏损企业不能依靠由利润转化来的自身积累基金来维持正常的经济活动，必然要举债从市场购进经济资源以维持企业运转，形成借新债偿旧债的恶性循环，长期亏损的企业最终必然借贷无门，因而无法偿还债务。盈利企业也有无法偿还到期债务的可能，管理层的失误会导致由举债筹集来的资金难以发挥预期作用，财务上的失败给企业造成沉重的经济负担，企业必须出售不可或缺的厂房和设备以取得资金来偿还债务，生产经营因而难以持续下去。企业财务决策是维持企业生存的需要。

（1）有效的财务决策能够科学确定、比较各种财务方案的成本，科学评价各种资金周转渠道的风险，有助于管理层根据企业生存、发展的需要在各种不同的方案和渠道间做出合理的选择；合理的决策能够降低企业的财务成本，使企业以最佳的成本水平从市场取得经济资源，也可以使企业以收入最大的方式出售商品和劳务，最终必然有助于企业扭亏为盈。

（2）企业应在具有良好投资机会而本身资金短缺的情况下以负债方式进行筹资。良好的财务决策体系可以根据企业的需要来判断各种筹资方式的优劣，综合考虑各种筹资方式的速度、弹性、成本、风险等因素，从而做出最优的选择，筹资成本降低而企业形象不受到任何负面影响，企业可以腾出更多的精力来提高产品质量、创新产品设计、提高企业的核心竞争力。

3. 股东市场价格最大化的需要

股东是企业的最终所有者，股东在企业中的利益不仅表现为企业的利润，股份制条件下股东的财富取决于股东所拥有的股票数量及股票的市场价格，这两个因子的乘积即为公司股份对股东财富的直接贡献。一般而言，股东所拥有的股票数量是基本保持稳定的，股东财富与股票的市场价格波动密切相关，两者呈正相关变动的趋势，股票价格最高则股东财富达到最高峰。

股票本质上是一种凭证，可以证明持有人的权利，股票本身没有价值，更不存在价格。但股票所有者可以参加股东大会，对公司的决策产生影响，享受分红和派息而获得相应的经济利益，因而股票可以作为获利手段体现价值，作为一种特殊的商品进入市场进行流通。股票的价格与股票所代表的获利能力成正比，受到企业的经营业绩、其他投资方式的平均利润率的影响，上市公司的经营业绩提高或储蓄的利率降低，都会导致股票的价格上升。此外，投资者的心理变化也会导致股票价格波动。

企业的经营业绩由所处的外部经营环境和企业本身的内在素质决定，财务决策通过各种手段对这两个因素会产生积极影响，从而使股价、股东财富变动满足投资者需求。

（1）从企业的外部经营环境来看，良好的财务决策体系保证了企业与外界的信息联系、原材料的组织供应、人力资源的投入、正常的生产秩序、产品的销售等环节的效率，企业的经营因而会处于相对顺利的境地，促进上市公司经营效益的发挥和提高。

（2）就企业的内在素质而言，企业领导者的素质与管理水平、员工的工作热情和文化素养、生产装备的现代化程度、工艺水平和企业的外部形象是企业财务决策体系的影响因素，而企业财务决策体系又会影响企业的规模、产品的市场占有率及企业所拥有的资产数量，间接影响企业产品的生产和销售及成本的增减，从而影响着企业经营效益。

4. 企业价值最大化的需要

企业价值最大化，能给所有者带来未来报酬的最大化。企业价值是一个综合性的指标，能较全面反映企业生产经营活动状况。从投资者的角度出发，除了利润、股票价格以外，还需要考虑长期投资收益，采取各种措施实现企业的整体价值最大化。企业价值最大化是企业外在表现和实质内涵的内在统一，强调企业的良好市场表现和发展的可持续性，突出企业财务活动的时间价值和风险价值，通过财务状况的反映与利润、股价等指标产生互动关系。

企业价值最大化是企业财务决策的最根本目标，不同的公司形式对应着不同的企业价值最大化内涵。对于国有独资企业来说，企业的价值是其出售时可以得到的现金；对于有限责任公司来说，企业的价值是股权转让的价格，对于股份有限公司来说，企业的价值则体现在股票的价格上。

企业财务决策在考虑企业各种需要的前提下，运用科学的手段分析、判断、规划，以形成一套完善的市场经济条件下的企业价值观念体系，有效地发挥各投资者资产的最大效能，保证资本发挥其最大效益。

（二）企业财务决策的特点与原则

1. 企业财务决策的基本特点

（1）大量运用数学模型。采用多种数学模型和计算方法，可以对多种数据进行整合分析，从无序散乱的数据中整理出分析思路，为企业的财务决策、计划、控制提供切实的指导信息。在现代企业管理中，随着企业生产专业化和协作化的发展、企业经营方式日趋多样化，客观上要求对生产经营过程中各种经济活动的数量变化、各种经济活动之间的数量联系和变化规律进行较为详细可靠的预测和计算，数学模型的应用势在必行。运用数学模型进行财务决策，需要在资金投入和得到的经济收入间建立科学的数量关系，主要是对资金的筹集、投放、使用及回收等从量上进行分析，找出适用于分析方案的数学模型，改善财务决策的质量，运用计量模型和经济数学方法确定企业最优的筹资规模、资金成本、资金结构。

（2）整体性。财务决策和投资、筹资、资本结构等组成部分是相互联系、相互作用、相互制约的统一的整体，各组成部分的良好运作是财务决策有效的必要条件，财务决策在企业生产、经营中的作用远远大于各组成部分功能的简单加总。企业财务决策的基本出发点是在投入既定的条件下追求产出的最优，投资、筹资、成本核算等财务决策的各个有机组成部分必须服从整体目标的需要，各个部分必须进入财务决策体系的特定位置，必须发挥特定的作用，具备财务决策体系赋予它的特定功能。评价财务决策方案效果的唯一标准是能否达到既定目标，如果企业的财务决策并不能从整体上为公司增收节支，投资收益、筹资成本或资本结构等个别部分的最优结果也就失去了实际的意义。

（3）时效性。财务决策投入一般包括人员、资金、物资、信息、时间等，这些投入对企业价值的影响不仅取决于数量的多少，还取决于财务决策对投入时机的把握。市场条件瞬息万变，一定时间段内最优的决策方案在以后的市场状况发生重大变化的时间段内实施，财务资金投入时机、结束时机、持续时间等就存在缺陷，就会变成对企业利润造成负面影响的不可取方案。财务决策的基础是企业的财务信息与相关资料，投资决策、筹资决策则是对财务预测结果的分析与选择，财务信息与相关资料的时效性意味着财务决策者要善于抓住时机。

（4）广泛性。

第一，就企业外部而言，经济手段是调动各市场主体积极性的最有效手段，企业财务决策在投资、筹资、利润分配、成本运营中与政府、股东、金融机构、供应商、客户、内部职工等利益主体发生千丝万缕的关系，引发各个主体资金供需、债务偿还、福利待遇等利益关系的调整。

第二，就企业内部而言，企业生产、供应、销售等各个环节都会引发资金流动，每个部门在合理使用资金、节约资金支出、提高资金使用率上接受财务部门的指导、监督和约束。同时，财务部门收集了企业内外对投资、筹资、成本管理等有正效用的财务资料，自觉参与企业投资项目的预测、论证，考虑货币时间价值和风险程度，准确比较项目的投资回报率和筹资成本率，设法筹足项目资金，优化企业资金占用结构，运用财务预测方法，把好项目的财务预算关，确定最佳购存点上的资金匹配结构。

（5）灵敏度高。市场经济条件下，货币充当了一般等价物，企业的经济活动都最终体现为货币量，各种企业采取货币这个统一尺度进行财务核算，现代企业制度要求投入资本实现保值增值，企业经营管理目标为经济效益最大化。对于企业而言，要保证生存必须做到按时还清债务，并且要扩大收入以稳定企业发展。企业的收入和支出的变化会反映在企业财务状况上，包括资金流动、成本、财务指标，这些变化将直接影响到企业的运营和发展。在现代企业制度下，企业是市场的独立法人实体和市场竞争主体，敏锐的财务决策能力被视为企业管理的基础，只有掌握好财务决策，企业管理才能落到实处，从而获得企业发展。

（6）综合性。财务决策是以企业整体资金流动的情况为核心，反映为企业价值的形式。财务决策涵盖筹资决策、投资决策、权益分配决策、成本决策等，具有经济管理中重要的综合性特点。企业的财务决策通过资金的收付和流动反映在生产、供应、销售等环节和人、财、物等要素中，为企业的生产经营提供了事先预测、事中控制、事后考核的服务。财务决策掌握各种财务指标，可以协调、促进、控制企业的生产经营活动。

2. 企业财务决策的一般原则

（1）资金配置高效合理。企业财务决策的资金都是具有一定的机会成本的，企业在一个项目上投资意味着其他获利机会的流失，企业筹资和以后的资本使用过程中需要支付财务费用，资金配置合理与否决定了资本成本的高低，影响到企业的经济效益和经营风险。企业在投资和筹资时，要客观分析和比较投资收益和资金成本，避免投资、筹资失误给企业造成的不利影响，同时要合理安排企业各种资本的比例关系，寻求最有效率的资本组合，使企业的综合资本成本最低。

（2）均衡性原则。

第一，企业财务决策需要保持风险和收益的均衡。由于契约不完备和信息的非对称，市场经济中财务活动面临着很大的不确定性，企业在获得预期财务收益方面存在风险。财务风险蕴涵于财务收益之中，财务决策面临的风险越大，获得的补偿性财务收益越多，不存在没有风险的财务活动。企业的财务决策必须合理安排风险和收益的关系，合理协调资金的收益性和安全性。

第二，财务决策要保持企业筹资、投资、利润分配各个环节上以及资金在数量上和时间上的平衡。筹资是投资、利润分配资金来源的基础，投资是利润的一个重要来源，利润分配是企业资金运用的重要环节，三个方面的均衡可以保证生产经营对资金的需求；资金在数量上和时间上的均衡，可以节省财务费用，为企业筹资、投资、利润分配提供更为广阔的资金来源。

（3）经济原则。经济原则是指因财务决策方案实施而发生的机会成本，不应超过因实施财务决策方案所产生的边际收益，经济原则要求企业的财务决策必须能起到降低财务费用的作用，具有实用性，能纠正决策偏差。

企业财务决策的子系统包括投资、筹资和利润分配，在进行资金划拨时应始终遵循经济原则。尽管这些子系统的主要目的在于降低企业各环节财务活动的支出，但子系统的财务费用降低并不一定会带来整个企业总体成本的下降和收益水平的提高。在选择财务决策子系统时，必须遵循经济原则，尽可能提高企业的总体成本和收益水平，而不是仅仅降低财务费用。超越临界点的负债融资并不符合经济原则。

（4）遵纪守法原则。企业在做财务决策时必须以现行税法及其他经济法规为依据，确保按规定缴纳各项税款，并加强财务监督控制，以确保财务活动的合法性和规范性。财务决策须在税法许可的范围内展开，必须在依法选择各种纳税方案时开展，绝不能逃避税收负责。同时，企业的财务决策不能违反国家财务会计法规及其他经济法规。财务决策者应当时刻关注国家相关法律、法规的变动，财务制订方案应该以企业经营活动为基础，在一定法律环境下制订，并且如果国家的法律法规发生变动，则应当对于新法律、法规相抵触的财务活动部分进行更改。

（5）因地制宜原则。财务决策必须是个别企业单独制定，适合企业所在的行业、规模、技术的实际情况，不可生搬硬套其他企业的做法。大型企业和小型企业，老企业和新企业，发展迅速和相对稳定的企业，不同行业的企业，同一企业的不同发展阶段，决策重点、组织机构、决策风格等都应当有所区别。

（三）大数据助力企业财务决策的变革

1. 加强数据的安全水平

想要保障企业利益，特别是在数据安全方面的利益不受到损害，企业就要在财务决策的过程中采取相应的措施来将数据安全带来的风险降到最低。企业可以从以下方面开展工作。

（1）数据安全制度要健全，在实际工作中，全面分析、总结现有的数据安全制度体系的不足，并提出有针对性的意见，找到解决方案，将风险防患于未然，要对财务决策的所有环节进行检测，汇总所有可能存在的风险，对潜在风险进行监督和调整，全面提升企业的财务管控能力。还要建立相应的赏罚制度并进行健全和完善，要对财务人员进行定期培训，保障员工具有坚定的财务安全意识。

（2）具有科学性和合理性的风险等级评判体系的建立也是保障企业数据安全的重要措施，企业要对不同的风险等级进行不同的分类评估，在现实工作中，采取不同的措施来解决不同等级的问题。并加强数据安全培训工作的全面推进，对全体员工开展数据安全培训工作，并针对不同的部门和岗位开展有针对性的培训工作，全面保障所有员工都具有数据安全意识。

2. 增强企业数据价值化能力

大数据时代，企业在机遇和挑战面前，要全面提高自身的数据价值化能力。企业的数据价值化能力的提升主要包括以下方面。

（1）内部提升。从内部提升举措来讲，企业要从以下方面着手。

第一，健全数据获取、存储、处理、分析等所有环节的硬件设备及相关配套的建设。

第二，配置和完善企业财务决策和数据处理的相关软件，搭建企业专属软件系统。在数据处理中，常用的软件系统主要有数据处理软件、数据挖掘软件和数据分析软件。另外，为了协调好财务决策和数据处理之间的关系，还要有财务决策支持系统、智能财务决策系统等。

第三，企业要配置好相关数据价值化领域的人才储备和培养，新领域的人才需要具有业务能力、管理能力、财务能力和数据处理能力四大能力。为了保障财务决策人才库的充足性，保障人才团队建设的稳定性，企业要从日常管理开始，重视人才的挖掘和培养，从日常经营管理过程中提升人才，通过系列手段保障企业的长远发展。如果受制于环境等客观条件，则必须马上组建相应的专业团队，企业可以通过引进外部人才来解决内部人才缺乏的问题。

第四，财务决策管理体系的健全也非常重要，这是充分发挥数据价值的有效保障。财务管理体系中最重要的部分就是财务决策管理体系，它是财务管理活动合理、科学的重要保障，企业要以优化经营环境为主要目标、以决策目标为先锋，重视数据处理这一基础工作，重点分析决策方法和手段，紧紧围绕财务决策结论这一核心，贯彻财务决策成果的检验标准，建立规范、完整的财务服务体系，在实际工作中，对财务管理工作不断进行优化，使财务决策系统满足企业的发展需求。

（2）外部提升。从外部提升举措来讲，企业要从以下方面着手。

第一，在数据获取、数据处理和数据分析等方面，可以通过外包方式寻找专业的服务公司，以此来对企业的数据价值化能力进行全面提升。企业的财务决策效率的提高，可以通过高度市场化的数据处理模式来实现。

第二，企业可以建立与全国高校的合作，与高校深入合作、共享资源，充分发挥各自的优势，取长补短，共同使用财务决策数据和硬件设备，对企业的数据价值化能力进行全面提升。

第三，企业利用融资并购数据的方式来对企业进行服务，也可以对自身的数据价值化能力进行快速提升。但是这种方式需要以高现金流和高偿还能力为前提，所以，只能应用于大型企业或者有并购计划的企业，并且具有相当高的要求。

3. 调整财务决策的最终目标

在财务管理中，企业价值最大化是最终目标之一。实际工作中，尤其是财务决策时，将企业价值最大化的目标转化为市场价值最大化和股东财富最大化，以适应现代数字经济市场的要求。如果企业希望在激烈的市场竞争中获得成功，就需要调整财务决策的目标，以最大限度地发挥企业的价值。因此，财务决策的目标不仅是简单地追求财务利润，还应考虑影响企业市场地位和股东利益的因素。

最终，财务决策的目标应该是在满足财务利润目标的同时，提高企业整体价值和市场地位，从而实现企业的长期发展和股东财富最大化。

企业可以根据不同的情况从不同的层面来设置企业的价值评估指标，通过多角度、多层次的评估方式来保障企业价值评估的合理性和科学性，保障更加符合企业的实际情况和需求，建立和完善企业的多元化价值体系，按照这种体系来对数据获取、数据处理和数据分析开展工作，全面提升财务决策的效果和效率。

三、企业财务控制及其有效提升

一般是由企业的管理层来进行财务控制，主要包括对各个经济活动实施控制、调节、计划以及监督等，从而使得财务控制和企业发展目标保持一致，促进企业财务价值的不断提升。因此，财务控制在财务管理系统中也有着举足轻重的地位。

（一）企业财务控制的原则与目标

企业财务控制要遵循五个原则：①始终围绕提升企业财务管理能力为目标来进行控制；②采取多种多样的手段来进行财务控制；③控制手段要适应环境的需要，并进行及时的调整；④获得所有员工的认可和同意才能保证财务控制的顺利实施；⑤财务控制活动的实施要保证成本和效益的一致化。

企业财务控制活动需要达到三个目标：①确保建立的财务控制组织是有效的，对财务活动进行严格管控，对财务人员行为进行有效监督，从而防止财务造假行为的产生，高效发挥企业的财务效应；②确保企业设计的财务风险评价系统是有效的，这样能够确保企业可以较好地识别各种风险，做到及时防范，尽可能地避免财务报表错项；③及时对企业财务环节漏洞进行堵塞，对企业财务流程进行改进和完善，促进财务机构合规意识的形成和提升，防止财务违法行为的产生。

（二）企业财务控制应具备的条件

1. 建立决策和预算编制机构

企业建立决策和预算编制机构都是为了更好地进行财务预算。企业通过日常的监督、协调以及仲裁机构来实施对日常财务的控制。企业的考核评价机构是为了对考评预算执行情况进行评价。实务过程中，这些机构也可以和企业的常设机构进行合并。企业各个部门、各个层次以及各个岗位都需要承担相应的财务预算责任，这一任务主要是由预算责任中心予以分配。为了更好地促进企业财务控制的顺利进行，企业需要建立相关的组织机构来予以保障。

2. 建立责任会计核算体系

企业的责任中心主要是组织财务预算的责任预算，但是需要由会计核算来提供责任预算和总预算的执行情况。责任会计核算的目标是让企业管理层可以及时获取相关信息，从而对责任中心的工作业绩予以评价。而责任会计汇总核算则可以对企业的财务预算执行情况进行了解和掌握，对存在的问题予以发现并及时调整和完善，这对于企业财务控制水平的提升也是具有重要意义的，同时还能帮助企业进行正确的财务决策。

3. 制定业绩奖惩制度

通常情况下，业绩评价和奖励办法能够极大地激励人们努力工作。所以，企业只有建立合理的奖惩制度和业绩考核体系，才能有效地激励员工并对员工进行必要的约束。而企业的财务控制想要长远稳定地运行和发展，也需要恰当的奖惩制度来予以保障。所以，在进行财务奖惩制度的制定时，应该从企业财务预算目标出发，以公平、有效和合理为原则，并结合过程考核和结果考核，让奖惩制度充分发挥自身的效用。

（三）企业财务控制的有效策略

1. 优化企业的治理机构

企业的治理机构将直接影响到企业的财务控制。企业财务控制需要遵循财务分层的原则，对企业各个机构的职责权限要有所规定，避免各个机构的权限出现打架和重叠等问题；财务控制中还要遵循一个制度管理原则，对企业的财务控制体系调整要以母公司为单位，这样才能确保各个子公司的执行标准一致化。

2. 建立财务内部控制体系

（1）企业需要对自身的内部控制环境进行改进和完善。这将有利于公司内控水平的不断提升。

（2）企业管理层需要进行高效的财务内控系统的制定，合理制定和设计资金审批、费用报销审批以及采购流程控制过程等，这对于内控体系的科学化发展也是非常有利的。

（3）企业对于内控执行体系的建立也要予以高度的重视，并让所有员工都能够获得公平合理的绩效考核成绩，并依此执行各项奖惩制度。

3. 强化关联交易的信息披露

企业的经营中经常会出现关联交易。企业可以通过关联交易进行合理避税并实现盈余管理，不过企业在进行关联交易时要考虑到市场的实际情况，防止不正当关联交易的产生。因此，对关联交易的信息要进行全面的披露，避免受不对称信息影响而导致违规违法行为的产生，在进行信息披露时还要遵循实质重于形式的原则，对关联交易的实质情况进行把握。

第三节　企业财务法律风险的分类与特征

"企业财务法律风险，通常是指企业在生产经营中的资金运动（包括筹资、投资和资金使用等）中，财务结构不合理，因融资不当，财务管理人员风险意识薄弱、缺乏法律意识使公司可能丧失偿债能力而导致投资者预期收益下降的风险。"[①]

一、企业财务法律风险的分类

（一）投资风险

投资风险即由不确定因素致使投资报酬率达不到预期目标而发生的风险。企业的投资活动可以分为长期投资和短期投资两类。长期投资风险主要是现金净流量风险，而短期投资主要面临资产流动性风险。长期投资项目的可行性用净现值

---

① 　赵静. 论企业财务法律风险与防范 [J]. 鄂州大学学报，2012，19（01）：32.

法来判断，因为只有净现值才能代表股东财富的增加，因而长期投资的目标是实现增量净现金流量，所以，长期投资风险是项目净现值小于零的可能性。对于短期投资，强调的是短期资金的流动性：一方面以减少流动资产存量占用为目的；另一方面则以加速企业流动资产的流动性，缩短整个营业周期和提高现金流动速度为目的，两者相互作用，以提高企业整体资产创造现金的能力。

（二）筹资风险

筹资风险即因借入资金而增加丧失偿债能力的可能。筹资的具体目标是在不影响现金流出及偿债能力基础上实现权益资本收益的最大化。筹资的实际结果与其目标之间的偏差的可能性，就是筹资风险，具体包括收益风险和偿债能力风险。收益风险表现为每股收益或每股现金流量降低的可能性，偿债能力风险表现为无力偿债乃至破产的可能性。

（三）收益分配风险

收益分配风险即由于收益分配可能给企业今后生产经营活动产生不利影响所带来风险。企业的收益形成现金流入，分配形成现金流出，现金流入与流出不相适应时，就产生了收益分配风险。当企业收益形成的现金流入远远大于分配给股东的现金股利时，股东可能会因现金偏好得不到满足而抛售股票导致股价变动，进而对企业经营及整体形象产生不利影响。因此，收益分配活动风险是现金流量的不协调风险。

（四）资金回收风险

资金回收风险即产品销售出去后货币资金收回的时间和金额的不确定性。资金回收风险主要来自销售环节。经济体制改革以来，按市场经济的基本要求，把国有企业及其他企业一律推向市场，公平竞争，信用工具作为搞活流通、繁荣市场的润滑剂，已为企业广泛使用。这一方面促进了企业的业务开展，同时也加大了企业的资金回收风险，使坏账损失的可能性大大增加。

二、企业财务法律风险的特征

第一，客观性和全面性，即财务法律风险不以人的意志为转移而客观存在，而且存在于企业的生产、经营、服务的全过程。

第二，不确定性，财务法律风险的不确定性表现在其发生的时间、地点、频度以及所造成的后果都是难以预测和计量的。

第三，收益性或损失性，即风险越大收益越高，风险越小收益越低。

第四，激励性，即财务法律风险的客观存在会促使企业采取措施防范财务风险，加强财务管理，提高经济效益。

第四节　企业财务法律风险的防范措施

一、建立财务风险预警系统

财务风险预警系统应该具有以下系统：

第一，财务现金流量动态预算与分析子系统。现金流量编制和预算是财务管理的主要内容之一，企业的财务状况和风险大小可以从现金流量中得以客观反映，企业可以借助于计算机技术和数据库技术，建立现金流量动态预测信息系统，为财务风险预警系统提供实时数据，使得预警系统建立在真实、可靠的数据基础之上。

第二，财务风险指标监测与预报子系统，该子系统要建立科学的风险指标体系，并为每个指标设置预警最大值，当风险指标的当前状态值超过预警最大值后，系统能够及时报警，并智能化地给出防范建议和措施。

二、建立合理的资本结构

财务风险本质是由负债比例过高导致的，因此，企业不但应该设计合理的资金结构，保持适当的负债、降低资金成本，而且还要控制负债的规模，保证谨慎的负债比率，避免到期无力偿债或资不抵债，从而有效防范财务风险。只有这样才能使企业为自己创造良好的融资环境，吸引各方投资。企业要努力建立和保持最优资本结构，合理进行筹资。筹资分为负债筹资和权益筹资，相比较而言，由于权益性资本不能抵税及其不可收回性，权益资本的成本要高于债务资本的成本。面对各种各样的筹资方法，企业应当调整好经营杠杆系数和财务杠杆系数，综合权衡各种筹资方式的成本与风险，使企业的综合资本成本最低，达到最优资本结构。

三、加强资金运作的管理

在实际的财务信息管理中，有关执行制度既要坚持一定的管理原则，还应具有促进企业发展的灵活性。在加大企业执法与监管力度的同时，还应对生产经营管理中存在的特殊问题，实现制度范围内的实事求是的合理化解决。

第一，为建立客观公正的、严守职业道德的注册会计师队伍，应注重有关注册会计师管理体制的完善。对于企业的年度会计报表由注册会计师完成其审计，以此不断提高企业会计信息的真实性。

第二，有关财务、税务管理部门应注重企业的财政监管、税务稽查等的管理工作，以此形成财务、税务和审计部门三者的综合性监督检查的合力，不断提升企业财务管理质量。例如，科学地设计财务管理岗位，使之相互牵制，减少内部财务差错率；建立企业的内审部门，通过对企业各个环节的审计监督，发现财务中存在的问题，并提出合理化建议，为企业的决策机构提供决策依据。

第三，企业依据经济环境的变化，有关的财务管理也应顺应形势的发展，不断地完善自身能力与企业内部监管手段，促使有关财务管理工作实现有法可依、有法必依、执法必严、违法必究。

第四章　企业合同管理及其法律风险防范

第一节　企业合同管理及其原则

如今的市场经济是一个多种经济的共同体，它不仅是商品经济，还是合同经济，更是法制经济，是企业与其他市场经济发生经济交往的重要媒介和场所。企业合同管理制度的建立和完善是当代企业发展成败的一个重要影响因素。企业对合同管理的规范和完善，可以更好地适应市场经济发展的迫切要求，对于合理合法处理企业之间的纠纷，维护企业自身的合法权益，建立良好的社会市场经济秩序，具有十分重要的意义。

企业要想成功地规避潜在的法律风险，做到防患于未然，需要形成一个完善的企业合同管理体系。作为当代企业经营管理的重要内容和基本手段，企业合同管理的最终目的就是在企业利益实现最大化的同时，将企业风险降到最低。

一、企业合同管理的特征

企业合同管理主要是指企业作为合同的重要参与者，根据企业的需求与其他市场经济主体依法进行合同的签订、变更、履行、终止以及合同履行后的合同审核、监督、总结等全过程的综合。对于现有的市场经济的发展，企业合同管理对于企业自身的发展和存续是一个至关重要的内容。企业合同管理具有以下特征：

第一，企业的合同管理是企业自我行为，具有一定的规范性。企业合同管理是企业自身的基本特征之一，旨在建立一套法律、行政、技术和经济等多方面综合管理制度。这个特征要求企业在面对市场变化时能够灵活运用自身的管理制度，成功预见或修正可能存在的风险。作为企业在国家法律法规框架内自我完善和监督的基本制度，合同管理是实现自我约束和保护的有效手段和方法。

第二，企业合同管理是企业管理的重要部分之一。企业合同管理不仅仅是企业管理的一部分，更是企业发展和生存的关键支撑。其重要性源于合同管理涵盖的范围影响企业的方方面面，渗透到企业的各个部门中。作为企业管理的重要组成部分，合同管理对于维护企业的正常运营和可持续发展至关重要。

第三，企业合同管理的内容具有广泛性。一方面，合同管理不仅能够规范企业高级领导层的行为和制度，还能够渗透到企业管理的每个层面，包括自上而下的各层级制度和管理；另一方面，企业合同管理与其他管理领域如生产计划管理、原材料供应管理、技术管理、客货销售管理、成本核算管理等紧密融合，形成一个全面而复杂的管理体系。

二、企业合同管理的内容

企业合同管理的内容丰富多彩，其确定源于合同管理对象的特征。作为企业合同管理的对象，合同制度的内容和特征是通过合同的审核、签订、履行、督查、归档等步骤来实现合同目的的。其中，合同的种类因企业目的的不同而各异，为深入探讨，将其划分为以下时间段进行详细分析。

第一阶段，合同审核和签署。在企业合同管理的预备阶段，这一阶段涉及合同的草拟、拟定、修改以及向相关部门报告并最终签署。合同审核和签署是合同管理的基础，为确保合同的合法性和合理性提供保障。

第二阶段，合同履行。合同履行是企业通过合同达到双方目的的重要环节。在这个阶段，企业需要借助自身的经营和实力来履行合同，同时合同监管成为企业合同管理的前提，也是其初级阶段。合同履行的成功是实现合同目标的必要条件。

第三阶段，合同的督查。合同的督查阶段包括合同拟定的审查和合同履行的监察。这一阶段在企业合同管理中占据重要地位，是其中期阶段。通过审查和监察，企业能够及时发现并解决合同执行中的问题，确保合同目标的实现。

第四阶段，合同的归档。合同的归档是企业合同管理的最后阶段，也是必不可少的一环。良好的合同履行是企业所追求的最佳结果和最终目标。然而，由于企业生存环境的复杂性，存在着许多潜在的风险，特别是法律风险的估计不足或者企业主要管理人员法律意识淡薄可能导致合同纠纷的发生。因此，合同出现问题后的归档和经验总结显得尤为重要，以便企业能够更好地适应未来的挑战和提高合同管理的水平。

三、企业合同管理的原则

（一）合法性原则

企业合同管理是企业内部不可或缺的管理行为，其进行必须在国家法律法规的框架内，以确保管理的合法性。这一原则是企业合同管理过程中最为关键和基础的原则。

在合同的订立和履行过程中，当事人必须遵守国家制定的法律和行政法规。这一合法性原则强调了在商业交往中必须遵循法律规定，以确保公平、诚信、合法的交易环境。合同当事人在履行合同过程中，不仅要符合法律的规定，还要遵守社会公德，确保不扰乱社会经济秩序，以及不损害社会公共利益。

合法性原则的重要性在于确保企业的各项活动在法治框架内进行，维护社会经济秩序的正常运行。不论是公民还是企业，其进行的一切民事合同行为都必须严格遵循国家法律的规定。作为社会经济的参与者，企业必须按照国家相关法律法规的要求开展经营活动，确保企业的发展和运营在法律的允许范围内进行，以达到自身企业发展和社会共同利益的最终目标。

因此，企业合同管理的合法性原则不仅是企业内部合同管理的基石，也是企业对社会责任的体现。只有在法治的基础上，企业合同管理才能够稳妥、有序地进行，为企业的可持续发展提供法律保障，同时也为社会经济的和谐稳定做出贡献。

（二）全程性原则

企业的合同管理从全局来看，不仅仅是企业法律顾问的职责，企业全员也应该树立合同管理的观念。企业合同管理是一个系统的工程，而不是一个单独的制度。企业合同管理应当成为一个有自身原理和观念的体系，这种体系蕴含着合同管理的观念和思想，只有将这种观念和思想贯彻到企业运行的每一步，才能真正达到预防法律风险的效果，该体系的进行是一个全程性的过程，包括从企业领导层面到一般员工，从普通的业务人员到企业高级管理人员，都要重视合同管理。

重视合同管理对于企业中人员的意义则是因人而异，例如，企业中的高级管理人员则需要对企业发展与运行中所产生的合同进行把关，注重企业自身合同管理的高层决策和指导方针，作为企业的一般员工或普通业务人员则需要注重合同具体签订和履行的细节问题，保证一般合同的顺利进行，防止潜在法律风险的出现。

（三）效益性原则

任何制度的建立都应当以提升企业自身的发展能力和经济效益为最终目标，企业合同管理制度亦不例外。效益性原则的基本出发点并不仅仅是简单的规范合同管理，而是通过强化对合同的全面管理，以成功规避法律风险，实现企业增长，防范意外损失，并减少企业法律诉讼的可能性。

效益性原则强调了合同管理制度的设立应当注重其对企业整体效益的促进，而不仅仅是为了管理而管理。该原则认识到，管理制度的建立需要在不过多消耗企业资源的前提下，为企业创造实质性的效益。因此，合同管理制度必须在提高管理效率、降低法律风险的同时，确保为企业带来经济上的积极回报。

在实践中，企业合同管理应该从实际情况出发，注重管理的实际效果，追求高效率和高效益，这包括合同的及时签订、履行和监管，以及对合同执行过程中可能涉及的法律问题进行全面的预防和解决。通过这种方式，企业能够更好地规避潜在的法律纠纷，提高合同履行的透明度和稳定性，从而最终实现企业的持续增长和风险的有效控制。

因此，效益性原则对企业合同管理制度的建立提出了明确的要求，即在注重实际效果的基础上，不仅要提高管理的效率，更要确保合同管理为企业带来积极的经济效益，使其具备更强大的发展动力。

（四）防御性原则

防御性原则是指在企业合同管理制度的基础上发挥作用，其目的是通过强化合同管理，确保合同在签署后能够按照约定的内容得到有效履行，规范企业内各职能部门的责任分工。该原则旨在在合同签署和履行过程中，严格把关，预防潜在的法律风险，确保企业充分履行合同义务。

在防御性原则的实施中，企业须建立多层次、多结构的审核防范体系。不同职能部门对合同的签署和履行进行严格监督，以确保合同内容的合法性和合规性。举例如下：技术部门负责对合同中的技术性条款进行监督审查，确保技术层面的合规性；会计财务部门对合同中的资金运作和结算进行审核，以保证财务方面的合规性；综合管理部门对合同的全面可行性进行审核，确保合同在整体上的可行性。合同签署的主管负责人要在企业授权范围内进行审核，并最终需要企业法定代表人的签字认可。

通过这样的多层次审核防范体系，企业能够有效堵塞在合同签署和履行过程中可能存在的漏洞，降低企业在经济和法律层面的风险。这种全面的合同管理体系不仅有助于确保合同的合规性，还有助于提高合同的履行效率和透明度，为企业持续的经济发展提供了稳健的保障。因此，防御性原则在企业合同管理中具有重要的作用，为企业构建了一个可靠的法律防线。

（五）预见性原则

预见性原则在企业合同管理制度的建立和完善中扮演着重要角色，其核心概念是提前或具有前瞻性地把握国家的立法形势，以确保合同管理的合规性并与国家相关法律法规规范保持一致。

在企业合同管理中，预见性原则强调了对国家法律环境的敏感性和及时的法律风险评估。企业应该在合同管理制度中融入对即将或可能发生的法律变化的前瞻性分析，以及对新法规、政策的敏感性。这样的预见性能够帮助企业在制定、修改合同管理制度时更好地适应法律的发展趋势，确保企业的合同管理始终符合国家法律的要求。

在预见性原则的指导下，企业需要建立一个有效的法律信息收集和分析机制，通过监测国家法律法规的变化、政策调整，及时更新合同管理制度，使其能够及时适应法律的新要求。这包括定期对合同模板和流程进行审查，确保其符合最新的法规要求，以防范可能的法律风险。

预见性原则还要求企业在与合作伙伴签订合同时，对合同条款进行全面考虑，避免因法律环境的变化而导致合同失效或产生纠纷。同时，通过提前了解和评估国家法律发展趋势，企业可以更好地制定战略，降低法律风险，并为企业长期的可持续发展提供稳妥的法律保障。

（六）实用性原则

实用性就是指企业合同管理制度的建立要利用企业长期的经营经验，根据企业的自身特点，量身定做符合本企业的合同管理制度，这样的制度能够很好地指导企业的实践，并在实际工作中发挥着巨大的作用，不应该是单纯地为了一种制度的建立而进行简单的构架，企业在签署或者签订合同时要结合企业日常或者经常出现的合同类别或者合同纠纷，因地制宜地来建立企业自身的合同管理制度，对于企业原本存在的问题要给予积极的考虑。与此同时，还要通过对企业合同在执行中存在的问题进行剖析，修改容易出现问题的地方。

（七）变化性原则

变化性原则指的是企业合同管理制度在实施过程中应具备自我发现和自我修复的功能。这一原则是在整个合同管理制度运行过程中逐渐形成的，强调了发现缺陷并进行自我修复是一个先进而不断进化的合同管理制度所应具备的特征。企业在实践中通常通过在合同签署和履行过程中进行审评，特别是对合同纠纷的审核和解决过程，来发现并解决合同管理制度中存在的缺陷和问题。

合同管理中的变化性原则体现了企业对自身合同管理制度的不断优化和改进的追求。在合同签署和履行过程中，企业通过对每一份合同的审查，尤其是对合同纠纷的详细分析，能够及时发现合同管理制度中的不足和问题。这种问题的发现并不仅仅是为了解决当前的具体案例，更是为了总结经验教训，加强对合同和合同管理制度的认知，以进一步完善和提升制度的有效性。

企业在变化性原则的指导下，需要建立健全问题反馈机制，使得合同管理中发现的问题能够得到及时的反馈和处理。这包括明确的合同审评流程、问题报告和纠正的程序，以确保问题能够被及时、全面地识别和解决。此外，对于经验教训的总结也应该被纳入企业的学习机制中，以便将所学到的教训应用到未来的合同管理实践中。

通过变化性原则，企业能够不断优化合同管理制度，加强风险防范和问题解决的能力，提高合同管理的效率和透明度。这种不断自我修复的机制有助于构建一个更加稳健、适应性强的合同管理体系，为企业的合同签署和履行提供更为可靠的支持。

第二节　企业合同法律风险的类型与成因

一、企业合同法律风险的认知

"合同是企业经营中不可或缺的一环，它具有约束性和规范性。然而，在合同签署、执行和纠纷处理过程中，难免会涉及法律问题。如果企业没有对这些问题进行合理解决，将会给企业带来不可估量的风险。"[①]

（一）企业合同法律风险的内涵与特征

1. 企业合同法律风险的内涵

市场经济的主体无疑是企业，企业从小到大、从弱到强，决定其生存发展的因素是多方面的，每一个成功经营发展的企业都有着各自独特的核心竞争力。无论企业在经营管理模式和商业模式上有多么巨大的差异，但有一点应该是相同的，那就是必须确保本企业的合法权益不受侵害。敏锐地识别企业合同法律风险并予以有效防范，是一个企业发展壮大的有力保障。

当前，在"一带一路"倡议指引下，国内企业普遍重视加强对外业务拓展，国内市场经济体制也日臻完善，在这样的大环境下，对企业经营管理规范性的要求提升到了一个新的高度。合同作为现代企业经营管理的一个重要载体，发挥着日益重要的纽带作用。企业采购原料、销售产品、提供服务、内部管理都需要订立合同来确定双方或各方的权利义务关系。企业合同方面的法律风险自然也就成了企业法律风险的重要方面。

企业合同法律风险是指企业在订立、履行契约的过程中，未来实际结果与预期目标发生差异而导致企业必须承担法律责任，并因此给企业造成损害的可能性。需要强调的是，企业合同法律风险是法律事务领域的问题，但绝不仅仅是一个单纯的法律事务技术层面的问题，企业合同法律风险涉及企业经营管理的各个

---

① 季娜. 如何化解企业合同管理中的法律问题 [J]. 中国商界, 2023 (11): 176.

方面，是一个系统性的问题。法律对于企业的意义在于不光是评估出企业行为的"是与非"问题，它更大的作用在于促进企业依法治企。

2. 企业合同法律风险的特征

企业合同法律风险较之其他类型的风险，有着自身明显的特征，主要表现在以下四个方面：

（1）可预测性。如果抛开表象，从实质意义上说，所有的企业法律风险其实都是企业没有按照法律的规定或合同的约定行事而产生的不利法律后果。因此，包括合同法律风险在内的企业法律风险明显有别于自然灾害风险和市场商业风险的显著一点是，企业法律风险带有明显的可预测性。企业经营管理者如果对合同风险给予足够的重视，并且采取有效的风险识别、防范机制，可以说大多数的法律风险都是能够提前预测到的，企业完全可以通过加强防范和应对能力，在严守法律和合同约定的基础上开展生产经营活动，同时，在他人侵犯自己的合法权益时能够依法采取维权措施，这样就可以最大限度地减少企业法律风险事件的发生。例如，企业的合同相对方存在明显的预期违约行为或违法侵权行为，那么有可能遭受损害的企业就可以及时采取必要的证据保全措施搜集相关证据，做好合同法律风险的预先研判，以此为下一步的诉讼奠定基础，有效降低法律风险。

（2）客观性。企业是市场的主体，企业的采购、生产、销售、服务和对内的管理等各个环节都少不了合同的存在，失去了对外业务往来企业也就失去了存在的意义，只要有经济活动，就势必离不开订立各类合同。只要订立合同，那么就不可避免地存在企业合同法律风险问题。企业合同法律风险不同于自然灾害风险，合同法律风险很大程度上是能够控制和防范的，但绝不是说合同法律风险就能轻易避免。企业合同法律风险的客观存在要求我们必须正视这一问题，并给予足够的重视。虽然签订合同是主观意识支配下的行为，但企业合同法律风险具有客观性，它广泛存在于企业合同中，这也是无法改变的客观事实。

（3）后果不确定性。市场经济就是指各种生产和生活要素通过市场的方式来配置，满足消费者需求。要以市场作为配置资源的基础性手段，企业作为市场主体，生存发展都有着自身规律。每天都有新企业注册成立，自然也有不适应竞争的企业破产或以其他形式退出市场竞争。从企业遭受的合同法律风险事件来看，不同的企业面对迥异的合同法律风险采取的应对措施不同，损害程度也有巨大差异，换言之，不同企业面对合同法律风险承担的不利后果具有极大的不确定性。究其原因，企业面对的法律法规是发展变化的，日新月异的社会生活催生了新的法律规范，即便是原有的法律规定，为了适应新的实践变化也在做着修改。

（4）关联性。企业合同法律风险不是孤立的存在，它与其他企业风险有着千丝万缕的联系，不能割裂开来。企业合同法律风险存在于企业生产、销售和内部管理的方方面面。"合同"贯穿了一个企业从设立到终结，从原料进场到资金回笼的全过程，企业的任何行为都在法律的框架下进行，或受到法律的保护，或受到法律的制裁。在企业存续过程中，许多风险是交叉存在、重叠出现的，在特定情况下甚至还可能发生形式上的相互转化。例如，合同法律风险就与企业资金风险、运营风险密切关联。

（二）企业合同法律风险防范的意义

市场经济的特征之一就是自由平等地竞争。当前的国际和国内经济形势复杂多变，企业需要应对的各类合同法律风险也进一步增加。因此，防范企业合同法律风险的发生，对于企业生产经营具有非常重要的现实意义。所以，国内企业应尽快构建企业法律风险防范机制，提高企业的竞争能力，适应国际市场的竞争，使企业在国际市场竞争过程中屹立不倒。

1. 保障企业平稳运营和健康发展

当前，市场化改革全面深化，开放的领域不断扩大，竞争形势空前激烈。企业经营管理者们的法律意识比以往有了显著的提高，但我国企业合同法律风险的防范机制还没有普遍建立，合同法律风险的防范和管理还很不到位。主要的风险管理方式仍然以事后补救和止损为主，非常被动。一旦企业因为合同法律风险涉及诉讼案件，可能极大地影响企业的正常生产销售。如果在重大投资和战略决策等决定企业发展生死的关键时刻出现合同法律风险事件，可能会给一个企业带来灭顶之灾，其破坏性是难以估量的。建立健全合同法律风险防范机制是保障企业发展、维护企业权益的重要防范手段。所以，企业的经营管理者和法律实务从业者，必须真正实现风险防范意识的转变，实现从"亡羊补牢"到"未雨绸缪"的跨越。把企业可能面临的合同法律风险化解于萌芽状态，给企业发展创造一个稳定有序的法治环境。

2. 提升企业市场竞争力

市场给予每个主体的机会是平等的，市场竞争的本质是企业间人才、技术、管理等综合实力的比拼，如何才能在日益激烈的市场竞争中保持不败并发展壮大是每个企业都必须面对的严肃课题。如果一个企业仅仅满足于拥有自己的人才和技术，那么它远不能适应市场竞争的需要，因为这种表象的优势难以持续保持。因此，在发展自身竞争优势的同时，必须加强企业合同法律风险的防范机制建设完善，这样才能在冲锋陷阵、攻城略地的同时保证自己的后院不起火，在复杂激烈的市场竞争中保持优势地位。

随着"一带一路"倡议的实施，国内企业面临着前所未有的大好机遇，参与国际市场竞争的平台比以往更宽阔。对于国内企业而言，这是开拓国际市场的机遇期，理应大有作为。但国际经济形势更加复杂多变，对我国企业来说，"走出去"既是机遇，更是挑战。想要参与国际竞争，首先必须谙熟国际市场规则，预判各类合同法律风险，做好防范与应对措施，避免合同法律风险事件的发生，提升企业国际市场竞争力。

3. 适应经济转型发展的需要

企业合同法律风险防范的意义之一在于适应经济转型发展的需要。当前，我国正处于改革开放全面深化的阶段，社会主义市场经济也在逐步完善，这对企业合同管理提出了更高的要求。在这一过程中，政府管理职能发生了重大变化，尤其是在调节经济发展方面，逐渐由传统的行政命令向法律手段和经济手段转型。在这种背景下，更多地依靠市场经济规律来管理市场已成为一种趋势。

法治原则作为市场经济的基本原则之一，要求企业在经营活动中必须遵循法律框架，依法合规经营。企业作为市场经济的主体，面临着不断变化的法律环境和市场条件，因此，合同法律风险防范成为企业必不可少的一项战略举措。

二、企业合同法律风险的类型

（一）合同订立中的法律风险

1. 合同主体的法律风险

合同订立是一个动态过程，包括从选择交易对象到最终签订合同的始末，合同成立是合同生效的前提，同时也是缔约人合同权利义务的具体体现以及争议解决的主要依据。合同签订过程中的法律风险多发生在合同缔约阶段。

缔约风险主要的表现形式是企业在签订合同过程中，没有对合同相对方的企业资质、信用状况、过往业绩和守法记录进行详尽调查，造成合同当事人的主体不适格或出现其他合同瑕疵，导致合同不能正常履行或直接造成合同无效、被撤销的法律后果。更为极端的情况是，合同相对方为了一己私利不惜突破商业道德，进行虚假磋商或隐瞒与合同订立有关的重大事项，这些都是合同订立过程中可能发生的法律风险。有的企业经营管理者对合同管理不够重视，甚至很多交易行为为了追求效率，只签订非常粗线条的合同框架，合同条款仅寥寥数行，过于模糊笼统，一旦对方违约或履行过程发生纠纷，会导致后续纠纷解决过程中很被动，诉讼阶段很可能造成举证不能而承担不利后果。

2. 合同客体的法律风险

合同订立阶段不仅要注意审查合同相对方的主体资格，而且还要谨慎地审查合同客体。合同客体是合同权利义务指向的对象，合同客体关乎合同订立的目的能否实现。每份合同都应该有明确具体的合同客体，关于合同客体的约定必须用语清晰、指向准确，一定要避免歧义。以买卖合同为例，买卖合同必须对合同客体，也就是买卖标的物的名称、品牌、型号、质量标准、产地信息、原料材质等做出约定。如果这些关键信息约定不明或未约定，在合同实际履行时很可能出现纠纷。另外，在服务类合同中如果对服务的流程、方式、技术、规格、次数等约定不清，势必导致出现合同争议。

3. 合同审查的法律风险

以担保合同为例，担保合同本身就是一类潜在风险较高的合同，尤其是企业间互相担保合同，就更容易诱发企业合同法律风险。商业银行在对企业发放贷款时，为了最大限度保障资金安全，要求贷款企业必须提供相应的担保人。企业为了获取经营发展必需的资金支持，一定想方设法争取其他企业为自己的贷款提供担保，同时作为对价，自身也要给对方企业提供担保。这样就形成了企业间互相担保的复杂关系。假如其中一家企业资金链条出现问题，不能如期偿还贷款，其他担保企业即使尚能正常生产经营，也会被拖入担保圈，陷入资金旋涡无法自拔。通过此类合同，能够看出进行合同审查的重要性和必要性。无论多么大的合同利益，在企业的生存安全面前都是微不足道的。一旦审查过程中发现可能危及企业生产经营安全的合同，必须及早止损。

（二）合同内容中的法律风险

合同内容即合同双方意思一致的表现，是协商并达成一致的产物，合同内容最终是以合同条款的形式呈现的。合同内容具体约定着双方的权利义务关系，是合同得以履行的基础和依据，其重要性是不言自明的。合同内容应当约定准确、明晰、完整、严谨，避免歧义和模糊矛盾等条款的出现。合同内容条款一旦出现瑕疵，势必影响合同的正常履约，甚至影响合同效力，不能实现合同目的。在合同磋商谈判过程中，许多特定的合同条款需要根据交易情况予以明确，否则将导致诸多的合同纠纷。

1. 标的物本身约定不明

合同标的是合同订立各方权利义务的载体，是合同内容的必备条款。没有标的的合同没有成立的意义，也不能获得法律的认可。合同权利义务关系的展开是以合同标的为核心和载体的，没有标的，合同就不能成立，也就没有履行的意义。如果约定了合同标的，但是约定模糊、不明确，容易引发歧义，合同目的也不能顺利实现。标的物的名称、标识、产地、品种、样式、色泽、配件等方面细节都可能引发合同争议，进而产生合同法律风险。

2. 标的物质量约定不明

合同标的质量验收标准和有关技术参数如果约定不明，会给合同履行带来相当大的隐患。例如，标的验收的质量标准是行业惯例、强制性国家标准，还是国际标准；出现质量争议时，如何委托第三方检测；标的验收地点是卖方所在地还是买方所在地；如果确实存在质量瑕疵，是买方拒收标的物还是采取维修重做等措施；对于特种设备等，是否约定质量异议期间，以保障买方权益。

关于标的质量问题，如约定不明，可能成为合同法律风险的直接导火线。当产品自身出现质量问题，不能满足合同对产品质量的约定或国家有关质量标准时，生产、销售该产品的企业将会承担违反合同约定或违反法律规定的责任。企业生产销售的产品出现质量问题，无论是危及他人安全的重大缺陷，还是影响使用性能的一般瑕疵，从严格意义上来说，都是违反了合同关于产品质量的相关约定，同时还有可能违反了国家有关的产品技术标准。企业有义务生产、销售符合合同约定和国家质量标准的产品，是不言自明的。当产品出现质量缺陷或瑕疵时，生产销售企业首先就违反了合同关于产品质量的相关约定，进而要承担违约的合同责任。具体来说，因产品质量不符合约定，企业将承担的违约责任包括修理、更换、退货，甚至还可能解除合同，并赔偿合同相对方因缔结合同产生的合理成本。

3. 合同履行方式约定不明

合同价款约定不明将会直接导致合同结算争议，造成合同履行不能的后果。履行期限约定不明，很可能引发合同提前履行或迟延履行的法律风险，履约时间的提前会增加一方的仓储成本，迟延履行可能直接导致商业利益受损。合同履行地点约定不明确，会直接导致运输风险、仓储风险的转移。合同履行过程中的付款方式是非常重要的必备条款，因合同标的的差异，付款方式也不尽相同。有的合同是一次性付款，有的合同是根据履行进度分阶段付款。无论采用哪种付款方式，都要充分考虑合同付款结算存在的风险。

因此，必须在合同约定付款方式的同时，对潜在的合同付款履行风险做出约定。有些特殊的行业合同履行期限较长，比如，建筑工程施工合同。工程款能否及时足额拨付到位，关乎建筑工程合同的履行，在合同法律风险防控中居于突出地位。建筑工程施工是一个相对工期较长的工作，其工程款的支付也不是一次性全部到位。工程款结算的批次大致分为预付款、进度款、竣工结算款和质保金等。拨付方式有的按时段，如以月、季度为单位拨付，的按照施工进度拨付。无论具体采用何种方式，一定要双方约定清晰明确，及时按约定核对工程量或时间节点，确保如约支付，保障工程顺利推进。

4. 争议解决和违约责任约定不明

合同中的争议解决和违约责任约定不明问题，是企业合同管理中需要特别注意的关键方面。当合同约定了仲裁解决争议时，如果对仲裁机构的约定未做出明确或存在错误，都将使得仲裁条款无效。同样，如果对管辖法院的约定违反法律规定，也将导致约定的无效性。这些无效约定不仅会增加一方在诉讼维权过程中的成本，更可能导致其合法权益无法得到有效保障。

仲裁是一种常见的争议解决方式，其效果在很大程度上依赖于合同中对仲裁机构的明确约定。如果合同没有明确规定或者约定存在错误，当事人在发生争议时可能面临仲裁的无法进行，从而只能通过司法诉讼解决争端，增加了纠纷解决的时间和成本。

合同中约定的管辖法院如果违反了法律规定，同样会使得约定无效。这可能导致合同争议的解决不再依照合同原本的约定，而是依法交由其他法院处理，带来不必要的法律风险和不确定性。

此外，合同中对违约责任承担方式、计算方法的约定如果不明确，将在合同履行发生争议时造成实际损失难以计算的困境。缺乏明确的约定可能导致在法律程序中难以提供清晰的证据，使得违约责任承担方面临证明自己无过错的困难，增加了合同纠纷解决的不确定性。

因此，企业在合同签订过程中应特别关注争议解决和违约责任的约定，确保仲裁条款明确有效，合法合规，而对于管辖法院的约定也须仔细审慎。此外，违约责任的承担方式和计算方法应在合同中具体明确，以降低争议解决的不确定性，维护各方的权益，实现合同的有效履行。

5. 提供虚假的合同材料

企业融资难是经济发展中不容回避的一个问题，特别是中小型的民营企业更难。民营企业从银行获取贷款程序复杂，条件严格。能通过资本市场融资，成功上市的，又是少之又少。综合各种融资方式，通过民间借贷市场或企业间资金拆借融资就成了较为常见的方式。虽然能较为便捷地获取资金，但民间借贷是一柄名副其实的双刃剑，稍有不慎就可能使企业坠入万劫不复的深渊。一些企业为了获得促进发展的资金，不惜向"高利贷"融资，一旦遇到资金周转困难，还本付息不及时，就会被高利息压得步履维艰，把好端端的企业逼上绝境。有的民营企业甚至靠以新的贷款来偿还以前的贷款，获得正常经营所需资金，这就造成了一些潜在风险。还有些企业为了多贷款，制造虚假文件骗取贷款。所有这些都有可能遭遇"非法吸收公众存款""集资诈骗""票据诈骗"或其他金融凭证诈骗等法律风险。

（三）合同履行中的法律风险

合同履行不仅仅是指交付标的物、支付价款这么简单。企业在产品销售后，所提供的各种服务活动都属于合同履行的范畴。这些后续的服务内容包括产品的送货、安装、调试、维修、使用培训、升级服务等。关于售后服务标准和规范，《中华人民共和国产品质量法》《中华人民共和国消费者权益保护法》都做出了规定。如果企业未按照合同约定履行售后服务，是一种典型的违约行为，势必给企业带来违约风险。

合同履行过程中因各种原因造成合同实际上的履行困难，合同双方经过协商可以对合同条款进行修改。合同本身即双方合意的产物，如果意思一致当然可以对在先的意思表示做出修改。这种推理放置于普通合同可能再正确不过，但是如果放置于合同标的额巨大的合同，比如，建筑施工合同领域。建筑工程动辄上亿元的施工标的额，每一处合同的修改，都会付出巨大的成本。实践中，建筑工程合同违约纠纷很大一部分是建设单位在施工阶段增减工程量或改变原有设计导致的。这种修改和变更势必影响工程量，进而造成工期的延长。因此，不到万不得已，不建议修改施工合同或设计。不得不进行的变更，也必须以书面形式另行补充约定。

三、企业合同法律风险的成因

（一）法治环境方面

企业不可能处于真空环境之中，企业发展与其所处的外部环境有着密不可分的联系，外部环境在很大程度上影响甚至是左右着企业经营管理者的法律意识和法律风险防范机制的构建。企业面对的外部环境的一个重要的组成部分是法律环境。法律环境由静态的法律制度及动态的司法环境两种结构构成。我国各地区发展状况具有不均衡的特点，法律制度的适用和司法环境也存在差异，这直接导致了法律环境的复杂性。我国的经济建设和法治建设都取得了长足的进步，但我们的市场经济还有诸多有待完善的地方，距离成熟的市场经济还有很长的路要走。比如，市场经济方面的立法和社会发展现实还有不相适应的地方，很多新生事物还缺少法律规范的确认和调整。政府职能的转变还没有完全到位，行政监管缺位或越位现象还不能完全杜绝，政府与市场的关系还须进一步理顺。企业盲目追求发展速度和效率，忽略核心技术和治理结构，导致企业合同法律风险频发。

（二）思想观念方面

许多问题归根结底都是思想观念和认识上出了问题，知道风险不去应对是最大的风险。企业合同法律风险高发的一个深层次原因就在人们的思想观念，特别是企业的经营管理者层面。我国企业，尤其是大多数的中小型企业没有完善的法人治理结构，企业多为家族经营。这就造成了一个困局，企业创始人多为强势管理者，没有成熟的职业经理人。企业老板的经验主义倾向往往较为浓重，不重视法律风险防范。有的企业管理者认为，企业内部的法务部门可有可无，规章制度就是表面形式，企业发展最关键的是生产和销售，法律部门不能直接创造利润，日常维系法务部门会徒增企业运营成本，确实需要法律服务可以临时委托律师。在这样的错误观念指引下，很多企业对法律风险防范方面的投入严重不足。就是在这种侥幸心理影响下，很多企业没有自身常设法务机构，甚至没有法务相关工作机制。在这样的企业经营理念之下，企业内部没有法律文化氛围，企业职工的法律素养高低自然可想而知了。一旦出现企业法律风险，只能被动应付，其结果自然是付出巨大代价。

（三）风险防范机制方面

有的企业虽然设立了专司法务的部门并配备了专门人员或者聘请了常年专职法律顾问，但还是发生了合同法律风险，造成了经济损失。这是因为，企业的合同法律风险是一个动态的变化过程，不是静止不动的单一问题。随着市场经济的发展，企业的合同签订、经营决策、投资担保、资产处置等行为面临的法律风险不确定因素是在增加的。因此，必须转变企业法律风险防范的理念，实现风险防范关口前移，从传统的"事后补救"向"事前防范"转变，给企业发展提供安全有力的法律保障。

第三节　企业合同法律风险的防范措施

"企业合同管理是现代商业运作中的关键环节，而风险控制则是确保合同履约和保护商业利益的重要举措。"[①] 构建完善的法律风险防范机制，要有全局和整体思维，从企业的治理结构和经营管理模式上进行全面升级，合理配置企业内部资源，打造与企业发展和市场经济相适应的独特企业治理结构，形成对企业合同法律风险的全面把控，最终的目的是把企业合同法律风险的防范纳入企业日常管理范畴，使企业生产经营等各项活动都置于法律保障之下。

一、企业合同法律风险防范的原则

（一）全面防范原则

企业合同法律风险防范机制是系统性工程，换言之，就是要贯彻全面防范的原则。这里所说的全面防范体系在防范领域、参加人员和企业管理三个主要方面。企业合同法律风险防范不是一两个法务人员的工作职责所能涵盖的，应该由企业管理者和全体员工共同参与，对法律风险的防范必须覆盖企业日常经营管理的全过程，风险防范的责任要传导到每一个部门和岗位，由企业管理层、法律顾问、全体员工共同参与，最终实现对企业合同法律风险的有效管控。

（二）预防为主原则

合同法律风险一旦发生，可能导致轻微的纠纷，甚至严重到对簿公堂，对企业生产和经营造成停滞和困难，甚至引发灾难性后果，给企业带来难以挽回的重大损失。诉讼虽然是一种有效的救济方式，但它以国家司法为基础，程序烦琐，裁决结果具有实质上的终局性和强制性，因此，并非企业理想的解决途径。鉴于此，预防企业合同法律风险至关重要，必须通过关口前移，从源头上进行管控，

[①]　朱虹. 企业合同管理中的风险控制要点研究［J］. 财经界，2023（24）：36.

坚持以事前预防为主，以事中控制和事后救济为辅。

当前，我国的法律制度和司法环境都得到了极大改进，立法和司法环境越发成熟，企业在防范合同法律风险方面有更多的法治保障。事前预防的主要目标在于减少或消除合同风险发生的可能性，从而降低潜在的法律纠纷。这包括在合同签订阶段就合理明确各方权责，明晰合同条款，以避免由于合同条款不明确而引发的争议。此外，制订并实施全面的合规策略和风险管理计划，对合同签署过程进行全面的法律审查，以确保合同符合法律法规的规定，也是预防合同法律风险的重要手段。

尽管诉讼是一种有效的救济方式，但它往往伴随着高昂的成本、漫长的审理周期和不确定的结果。因此，强调预防的重要性，通过提前规避合同法律风险，不仅能够降低企业的运营成本，也有助于维护企业的声誉和可持续发展。在复杂的守法环境中，预防为主原则不仅是一种有效的经济手段，更是企业自我保护和发展的必然选择。

（三）规范操作原则

法律风险防范既然是涉及企业全局性的问题，需要协同全面防范，就一定要在经营管理过程中对企业内部各个部门和岗位的职责、权限进行明确，达到权责统一，将法律风险防范纳入企业日常经营管理流程，形成规范化、制度化的防范体系，形成完善规范的法律风险防范制度，夯实企业合同法律风险防范的基础。

（四）动态调整原则

社会经济是不断发展变化的，企业经营管理所处的大环境也是发展变化的，调整社会关系的法律规范为了适应社会现实的需要，也处于一种动态的变化中。由不同效力位阶的法律法规和其他规范性构成的法律体系，必然面临起草、修订、废止的动态变化过程。换言之，法律环境不断变化必然引起法律风险的性质、种类、表现形式及影响范围的变化。企业应对和防范法律风险的工作机制就不能是僵化的。要根据发展变化的环境及时调整法律风险防控工作方案，对法律风险实现动态防范管理。

（五）综合治理原则

企业是市场的主体，在企业经营管理过程中除去法律风险，还有多种风险存在，诸如财务风险、市场风险、金融风险等，不同类型的风险之间不是孤立存在的，往往有着千丝万缕的联系，不同类型的企业风险在交叉重叠的过程中还可能出现转化。防范合同法律风险不能单打独斗，要综合考量，多管齐下，方能标本兼治，事半功倍。

二、强化企业合同法律风险的防范意识

在企业合同法律风险的应对和防控过程中，有着许多因素，但在诸多因素中人的因素永远是第一位的。企业运营管理过程中肯定少不了各种规章制度和操作流程。只有企业中的每个岗位的从业人员都能自发自觉贯彻落实各项企业合同法律风险防控的操作规范，企业合同法律风险的防控才能行之有效。因此，一套有效的企业合同法律风险防范机制，必须以企业从业者特别是领导者、管理者为关键少数，抓好这些关键岗位和关键人员的法律培训，提高他们的企业合同法律风险防范意识。

企业经营管理人员必须加强对法律知识的学习，起码的应知应会的法律常识是不可或缺的，唯有如此，才能不断增强运用法律思维解决企业经营管理实际问题的能力。另外，企业内部的法务部门要结合企业经营管理状况，加强对经营管理人员法律风险防控知识培训，营造全员参与防控法律风险的氛围。

一个企业是有机运转的整体，在强调经营管理者的重要性的同时，不能忽略大多数的基层一线员工。员工因岗位差异会面对不同类型的企业合同法律风险，在生产线上的职工更多的职能是生产操作，企业合同法律风险相对较小。外勤岗位，如销售、采购、客服、质检、维修等需要和外部客户沟通交流，代表企业做出一定的意思表示，甚至会订立合同或以其他方式履行义务等。上述岗位发生企业合同法律风险的概率会明显高于普通生产性岗位。加强对全体员工的企业合同法律风险防范意识培训绝不是可有可无的锦上添花，而是为企业发展保驾护航的未雨绸缪之举，其重要意义是将企业存在的各种风险控制在萌芽状态。

三、确立并完善企业法律顾问制度

企业设立法律顾问制度是一种被广泛采用的管理机制，尤其是在国际大型企业和跨国公司中得到普遍应用。这一制度通过在法律顾问机构的领导下建立专业的法律顾问团队，设立独立的法律事务部，协助企业高层管理人员管理法律风险，由法律顾问负总责。在法律顾问制度的运行中，总法律顾问的职位应运而生，其位置高于普通法务人员，属于企业高级管理层，全面负责企业的法律事务，直接参与企业的重大决策，独立提出法律意见，并直接向企业总裁或董事长负责。

大型企业中往往存在复杂的法律环境和多元的法律事务，因此，建立法律顾问制度有助于提高企业对法律风险的管理水平。通过设立专业的法律事务部门，企业可以及时了解并应对法律问题，降低法律风险的发生概率。法律顾问团队的存在使得企业能够更全面、专业地处理法律事务，确保企业的各项经营活动在法律框架内合规开展。

总法律顾问作为法律事务的领导者，担负着更为全面和战略性的责任。其独立性和高层次的地位使其能够更好地参与企业决策，直接影响企业的法律合规策略。总法律顾问的存在有助于提高企业对法律环境的敏感性，使企业更好地预防法律风险的发生，保障企业的长期稳健经营。

在我国，虽然大多数企业并未建立常设的法务部门，但在大型国有企业中，尤其是中央、省属大型国有企业中，总法律顾问制度开始得到有益的尝试，并取得了初步的成效。这为企业法律顾问制度在我国的推行提供了积极的经验借鉴。在全球经济日益复杂、法律体系不断发展的背景下，企业法律顾问制度的确立和完善对于提高企业法治水平、规范经营行为至关重要。

四、重视合同的审查工作

合同审查是合同订立的重要环节，审查的重点因具体情况而千差万别，但有一个方面是必须给予足够的重视的，那就是合同自身的合法性审查。在经济全球化的今天，企业发展不进则退，在激烈的市场竞争中，每一个法律风险都可能引发灾难性的连锁反应，给企业造成无可挽回的毁灭性打击。因此，必须给予合同审查，特别是合法性审查以足够的重视。

对合同合法性进行审查，主要涵盖合同订立主体的合法性、合同形式的合法性、合同文本的合法性、合同履行方式的合法性等。企业间的贸易往来，订立的合同绝大多数都是书面合同，无论是纸质合同还是电子文本，只是合同载体的差异，其本质都是书面合同。合同合法性审查的重点是合同的内容，也就是合同的具体条款。对合同内容的合法性审核，一般侧重于当事人意思表示的真实性和合法性两个维度，主要考察在订立合同过程中是否存在重大误解，是否存在欺诈或串通等情形。合同内容的审查还包括合同条款完整性与严谨性审查。合同条款的完整和严谨不仅是指文字表述本身，更主要的是包括对法律专业内容的表述是否准确，因为这些约定内容直接关系到合同双方的权利和义务。对于要式合同，还要注意合同的必备条款是否完备，某些需要行政许可或存在前置审批的合同，订立之初是否履行了审批备案等必要程序。

五、加强企业合同管理

（一）规范合同管理工作机制

合同制度作为企业管理的重要手段，其重要性和必要性在于一方面使企业的生产经营行为与法律规定接轨，满足法律环境的要求；另一方面使企业在合同周期过程中能够有效维护自身权益，实现经济效益最大化。为此，加强企业合同管理是企业管理体系中不可或缺的一环。

首先，规范合同管理工作机制是确保合同执行的有效途径。企业应建立健全合同管理制度，明确合同的签订、履行和变更等各个环节的责任人和流程，确保合同的执行能够按照规定有序进行。在制度中应包括对合同管理的基本原则、流程、责任人的明确分工，以及合同变更、履行监督等方面的具体规定，使企业合同管理工作能够有章可循、有序推进。

其次，加强对企业合同的动态化管理是适应市场变化的需要。在合同履行过程中，企业面临着市场、经济、法律等多方面的变化，为了有效维护自身权益，企业需要关注合同履行过程中可能带来的负面影响。这就要求企业在合同管理中注重对情势变化的敏感性，及时发现可能影响合同履行的变化因素，例如，市场

第四章 企业合同管理及其法律风险防范

供需变动、法律法规调整等，以便及时调整合同内容，做出变更、补充或中止和终止等必要的调整。

在动态化管理中，企业需要建立起灵活的合同变更机制，以适应市场环境和经营需要的变动。这可能包括对合同条款的灵活性设计，建立变更通知程序，明确变更的程序和条件，使得在变化的市场条件下能够及时做出调整，确保合同的合理履行。

（二）构建合同管理组织体系

企业合同法律风险的防控不是法务部门单打独斗就能胜任的，同样，合同管理也是个系统性的工作，合同管理是合同法律风险防范的基础，要想从根本上控制合同法律风险，企业首先要建立健全合同管理组织体系。建立健全合同管理组织体系，是加强和改善企业合同管理，防控合同法律风险的组织保证。合同管理与单纯的合同订立有很大区别，企业合同的订立通常情况下只能由企业的法定代表人或经其授权的委托代理人为之。但合同管理的主体就宽泛得多了，因为合同管理本身是一个专业性很强的工作，既需要和企业内部各个部门配合，更要与合同相对人和行政管理部门接洽，这就必须运用精准的法律专业知识来处理复杂的法律关系。所以，合同管理工作应由专职法律事务机构负责。同时，又因其工作的综合性特点，而需要企业内部其他部门的密切配合。

建立适合我国国情的企业合同管理体系，可以借鉴域外企业总法律顾问制度的模式，但不必贪大求全、照搬照抄。我们可以遵循统一管理，分工负责，协同操作的原则，建立一套由法人代表亲自主管，专职法律事务机构统管，各职能部门分管，具体承办人专管的精简节约、运作有效的企业合同管理体系。合同管理体系发挥作用的关键还是人尽其事、各尽其责。合同管理体系只是基础，任何组织的存在其本身都是静止的，真正实现通过合同管理来促进合同法律风险防范的目的，就必须真正发挥组织的作用，让合同管理体系有效、高效地"活"起来，才能真正建立起一套防范企业合同法律风险的机制。

全球化和经济一体化的背景下，企业面临的外部环境时刻处于发展变化之中，企业所面临的合同法律风险也是动态变化的。潜在的风险因素是变化的，防范风险的应对举措也必然要"见招拆招"，合同管理体系自然也要动态运转才能适应法律风险防范的需要。

（三）完善现代企业治理结构

一个企业从小到大、由弱到强的过程，也是企业自身不断发展壮大的过程，在企业成长的各个阶段都有与之相适应的管理模式。初创阶段的小微企业面对着更多的压力是企业的生存和发展，这个阶段的企业一般无暇顾及企业内部治理结构的设计。但随着企业发展，由企业领导者全权管理的模式远不能适应企业发展的需要了，因此，就催生了现代企业治理结构的变化。企业有着各自的发展特点，因此在共性之外，每个企业都要有一套行之有效并适合自身的管理体制，就与量体裁衣、因人而异是一个道理。无论一个企业具体采用何种治理结构，把法律治理理念融入企业发展壮大的过程是必需的。

市场经济的主体是企业，即使在发达国家，企业在市场主体中也占有相当大的比例。我国很多企业都或多或少地保留有创业时期的家族式治理结构，随着时代的变化和企业的发展，这种管理不能包打天下。比如，企业的产权问题、股权比例、融资渠道、知识产权保护等，这些都是企业管理和法律问题的交叉点，一旦处理不好，会产生法律风险引发的企业危机。

制约我国企业发展壮大的原因很多，诸如资金方面、管理方面、市场因素、技术条件等，但有一点是不容忽视的，那就是对合同法律风险的漠视。在充满变数的市场法律风险面前，这样的企业无异于赤手空拳、赤膊上阵，一旦企业出现法律危机，几乎没有抵御能力。所以，企业在构建现代企业治理结构过程中必须重视法律风险防控的短板，结合企业自身优势和发展方向，建立完善的法律风险管理机制。在企业日常管理中给予合同法律风险管理相应的位置，使它真正成为企业组织结构及运营管理的重要部分，一点一点地渗透企业的管理，减少企业合同法律风险的发生，为企业发展壮大提供有力保障。

六、加强企业合同的信息化建设

市场分工朝着精细化方面发展，企业间联系日趋紧密，每一个企业都不可能孤立存在，大家都是整体产业链条上的一个环节。具体体现在企业间交易数量和频率都实现明显的上升态势，合同订立和管理的复杂程度远非传统经济环境下的合同管理所能应付的。另外，单纯的档案管理模式应用于互联网时代的合同管理亦难免显得捉襟见肘。在互联网、云计算、大数据日益普及的今天，企业合同管理的信息化已经是必须面对的课题，也是不可逆转的合同管理发展趋势。

企业合同管理信息化首先是要搭建一个适合企业自身特点的合同管理信息化系统。这样的信息化系统最鲜明的标志应该是管理理念的先进，即不同于传统的文本档案管理模式。企业合同管理信息系统不需要盲目贪大求全，不一定需要多么庞大的投资和多么高尖端的服务器，完全可以利用现有的技术条件和设备，通过整合资源，合理统筹网络、信息技术、计算机和无线终端，为企业管理者和从业一条龙式的合同管理信息化服务。

企业合同信息化管理能够极大提升合同管理的效率、改进合同管理的效果，提升企业效益。信息化在合同管理过程中的应用，可以涵盖合同行为的全过程，如合同相对方的资信资质考察、合同格式范本的参考选择、合同内容条款的审查、合同文本存档和调阅。信息化应用使得合同管理不再是一个静止的工作，而是融入企业管理的动态过程，从一个消耗资源的事务性工作进化成为能够为企业经营提供决策参考的重要参谋助手。信息化应用不仅提高了合同管理的效率，在合同订立阶段也大有作为。大数据的运用，极大丰富了合同文本的范本库，能够根据企业需求通过大数据平台遴选出最为适用的合同范本，进而大幅缩短合同起草、修改和审核的投入。

企业合同管理信息化除了在企业管理实务层面的直接效益外，最重要的其实是推进了企业管理理念的提升。传统合同管理签订合同后只管履行合同，除非出现纠纷，否则无须也无暇顾及合同本身了。在信息化的条件下，合同管理深度融入业务流程，有效规范业务操作。同时，合同的签订、修改、履行和归档都在信息管理平台达到电子化再现，至少在一个企业内部实现了数据信息共享。待到机会成熟，关联企业之间，还可以将信息平台实现对接，做到更大范围的信息共享，有效防治合同诈骗和不诚信企业扰乱市场秩序。

第五章　企业人力资源管理及其法律风险防范

第一节　企业人力资源管理及其战略规划

人力资源管理是指对人力资源的生产、开发、配置、使用等诸环节进行的计划、组织、指挥和控制等一系列的管理活动。人力资源管理也可理解为：组织对人力资源的获取、维护、运用及发展的全部管理过程与活动。关于人力资源管理的内涵可从以下四个方面理解：

第一，人力资源管理是对社会劳动过程中人与事之间相互关系的管理，为谋求社会劳动过程中人与事、人与人、人与组织的相互适应，实现"事得其人、人尽其才、才尽其用"。

第二，人力资源管理是研究管理工作中人或事方面的任务，以充分开发人力资源潜能、调动员工的积极性、提高工作质量和效率，实现组织目标的理论、方法、工具和技术。

第三，人力资源管理是通过组织、协调、控制、监督等手段进行的，对组织员工产生直接影响的管理决策及实践活动。

第四，人力资源管理是为使员工在组织中更加有效地工作，针对员工的招聘、录用、选拔、考核、奖惩、晋升、培训、工资、福利、社会保险、劳动关系等方面开展的工作。

一、人力资源管理的目标与任务

（一）人力资源管理的目标

企业要在市场上获得竞争优势，很大程度上取决于其充分利用人力资源的能力。"人力资源管理既要关注企业目标的实现，又要关注员工的全面发展，两者缺一不可。"① 因此，人力资源管理的目标有以下几个方面。

第一，实现企业的目标。企业管理的目的是实现企业既定的目标。人力资源管理是企业管理的一部分，它从属于企业管理，因此，人力资源管理的目标也要以实现企业目标为前提，根据企业的目标来设定其目标，并且随着企业目标的改变而变化。

第二，提高员工的满意度。员工是人，有感情，有思想。要使员工保持生产能力，组织不应该只追求绩效的提升，更应该重视员工的满意度。满意的员工不会自动地提高生产效率，但不满意的员工更倾向于辞职、旷工，并且工作质量很低。让员工有满意的工作生活质量，可以提供高品质的服务，从而为企业创造更高绩效。

第三，充分发挥员工的主观能动性。人力资源的本质特征是具有主观能动性。全面有效地发挥员工的主观能动性，是企业实现组织目标和获取竞争优势的有效手段。在企业正常运作过程中，每一位员工对工作的态度和积极性存在较大的差异，而他们的态度和积极性往往受企业环境、自我发展空间、福利状况以及人际关系等因素所影响。因此，企业应尽力创造一个相对宽松的工作环境，使员工的主观能动性得以充分发挥，同时也为企业创造出更高的价值。

（二）人力资源管理的任务

人力资源管理的主要任务体现在吸引、使用、培养、维持等四个方面。

吸引：吸收合适及优秀的人员加入组织是人力资源管理活动的起点。

使用（激励）：员工在本岗位或组织内部成为绩效合格乃至优秀者。激励是人力资源管理的核心任务。如果不能激励员工不断提升绩效水平、为组织做贡献，则人力资源管理对组织的价值就无法体现。

培养（开发）：员工拥有能够满足当前和未来工作及组织需要的知识和技能。开发既是人力资源管理的策略，更是实现员工与组织共同发展之目的。

维持：组织内部现有员工能继续留在组织中。维持是保证组织拥有一支相对

---

① 　贺小刚，刘丽君. 人力资源管理 [M]. 上海：上海财经大学出版社，2015：12.

稳定员工队伍的需要，也是组织向员工承诺的一份"长期合作、共同发展"的心理契约。

在企业管理实践中，人力资源管理的四个任务通常被概括为"引、用、育、留"四个字。

二、人力资源管理的地位与作用

（一）人力资源管理的地位

人力资源管理的地位，是指它在整个企业（用人单位）管理中的位置。对于人力资源管理在企业中的地位，应当从两个方面来认识：一方面，人力资源管理是企业管理的组成部分，而且是十分重要的组成部分；另一方面，就企业人力资源管理而言，它不能代表企业管理，人力资源管理并不能解决企业管理的全部问题。

就重要地位而言，企业生产经营、生存与发展都必须依靠人力资源来实现，没有人力资源的投入，企业就无法正常地运转。另外，由于人力资源的可变性，它还会影响到企业生产经营与发展过程中各项工作的实效，企业的实际业绩如何，能否实现良性运转，要靠人力资源管理为企业的发展保驾护航，因此，它在整个企业管理中居于重要的地位。

虽然人力资源管理水平对企业的生产经营与发展起着至关重要的作用，甚至可以左右企业发展的速度，但是企业管理中还有很多问题是人力资源管理职能不能解决的，如企业的发展战略问题、企业的营销策略问题、产品技术的研发、企业转产、重大技术革新或者经营方式调整等，因此，人力资源管理不能代表企业管理。

（二）人力资源管理的作用

第一，人力资源管理是企业制胜的法宝。人力资源管理职能可以帮助企业实现其主要的战略目标：降低创造价值所需的成本并通过更好地满足顾客的需要来增加价值。从战略的角度上讲，人力资源是企业的一种长期财富，其价值在于创造企业与众不同的竞争优势。

第二，人力资源管理是赢得企业核心竞争力的源泉。在竞争日益激烈的市场经济环境下，降低产品成本、提高产品质量、占领市场是任何企业所追求的基本目标，但企业竞争优势不仅在于低成本、高质量的产品，更重要的在于是否具有能够开发企业的特殊技能或领先技术的核心能力。要具有这种能力，企业就必须依赖善于学习和有创新能力的员工。因此，企业核心竞争力和竞争优势的根基在于企业人力资源管理过程中的人力开发。离开了企业人力资源的开发，企业核心竞争力便会成为无本之木、无源之水，企业竞争优势就难以为继。对人力资源的开发，在很大程度上已经成为企业成功与否的关键。但是，并不能说人力资源的所有特性都可以成为竞争优势的源泉。只有被市场认可时，人力资源才可以由潜在优势转化为现实的竞争优势。有效的人力资源管理正是与企业核心竞争力的培育密切结合而进行的，为企业核心竞争力的形成与增强奠定坚实的人力资源基础。

第三，人力资源管理是企业形成凝聚力和创建品牌优势的关键。当一个企业从初创到壮大、稳步、健康、持续发展，毫无疑问在内部组织结构、人际关系、员工关系之间肯定实现了协调、合作、顺畅、兴旺发达的和谐状态。一个成功企业的发展历程，离不开硬件和软件的建设，如每个企业都十分重视招聘、培训、报酬、奖惩、晋升等，因为它们是企业正常运转的必要条件。而人力资源管理的软件功能，例如，协调、倾听与沟通，对抱怨和不满的管理，调解矛盾、化解冲突等，作为企业领导者也不能忽视。因为人力资源管理是企业正常运转的润滑剂，良好的职能运作能使企业获得最宝贵的内聚力和向心力，这种软件功能的结果能够促使生产力的提高和企业利润的提高。在公司树立、创建品牌意识，可以通过人力资源管理，提高员工的素质，树立员工的形象，使之关心社会、遵守社会道德，以更大的热情投入工作。

一个充满和谐、有凝聚力和竞争力的组织必能为每个员工创造最好的工作环境和给员工最好的回报，而心情舒畅的员工也必能为组织创造更多的利润和更多的财富。

三、人力资源管理的角色与职责

（一）人力资源管理的角色

1. 人力资源管理者及其类型划分

随着管理作用的日益发挥，作为管理活动主体的管理者在企业中的地位也越来越重要。企业运转是按照其内部组织结构的分工与流程，如同行星齿轮与盘形齿轮相互咬合一样，运行是有规律的，它不是一个人的活动，是遵循科层制的原则来划分的。

（1）按照科层制的体系划分。将管理者按照科层制的体系可以划分为高层管理者、中层管理者和基层管理者三类。

第一，高层管理者。中层管理者高层管理人员是指对整个组织的管理负有全面责任的人，他们的主要职责是制定组织的总目标、总战略，掌握组织的大政方针，并评价整个组织的绩效。毋庸置疑，是指处在企业最高层次的领导者。

第二，中层管理者。是指处于高层管理人员和基层管理人员之间的一个或若干个中间层次的管理人员，是高层管理者和基层管理者之间的桥梁与纽带。他们的主要职责是：一方面贯彻执行高层管理人员所制定的重大决策，监督和协调基层管理人员的工作；另一方面要向高层管理者及时反映部门工作中存在的问题，以及合理化工作建议，为领导提供决策支持。在工作中既是组织员，又是战斗员，既是部门的领导者，又是上级决策的执行者，对上是下级，对下是上级，其角色是"兵头将尾"。

第三，基层管理者。基层管理人员是对企业的生产、销售等经营活动第一线执行管理职能的直接管理层，包括在生产和服务一线中起监督、指导作用的监工、车间主任、班组长、领班、工头等。

对于所有管理者来说，虽然他们都要履行管理的基本职能，但是由于所处的层次与级别不同，管理职能范围和工作责任是有所区别的。

（2）按照管理业务范围划分。按照管理业务范围，可以将管理者分为综合管理者和专业管理者两类。综合管理者是指负责管理整个组织或组织中某个事业部全部活动的管理者。专业管理者是指仅仅负责管理组织中某一类业务活动（或职能）的管理者。

（3）按照管理活动与组织目标实现的关系划分。按照管理活动与组织目标实现的关系，管理者可以分为直线管理者和辅助管理者。管理活动与组织目标的实现具有直接关系的管理者就是直线管理者，否则就可以视为辅助管理者。

2. 人力资源管理者的角色内涵

"角色"一词是一个社会学的概念，指与人的某种社会地位相一致的权利、义务规范和行为模式，它是人们对具有特定身份的人的行为期望。角色是社会群体和社会组织的基础，在人们的交往中可以预见的互动行为模式以及说明个人与社会的关系，对于人们的行为具有重要的导向性作用。

为了正确履行管理的职责，有效发挥管理的作用，管理者有必要对自己在不同的场合、不同的职能部门扮演的角色有所了解。因为在社会中，角色不是孤立存在的，而是与其他角色联系在一起的，是一组相互联系、相互依存、相互补充的角色，任何人身上都是一个角色集，都不可能仅仅承担一种角色，而总是承担着多个角色。

对于企业的管理者来说，最重要的角色是资源分配者，也就是说，要对组织的资源进行合理的配置，此外，他们更多的是要处理各种信息，保证企业的正常运转。

3. 人力资源管理者的素质要求

当一个人具备了充当某种角色的条件，去担任这一角色，并按照这一角色所要求的行为规范去活动时，这就是社会角色的扮演。人力资源管理者为了扮演好自己的角色，实现管理的目的，管理者必须具备充当这一角色所具有的素质与能力。对人力资源管理人员的素质要求归纳如下：

（1）专业知识，指人力资源管理人员要掌握与人力资源管理所承担的各类职能活动有关的知识，具备设计和制定各种人力资源制度、方案及政策的能力。

（2）业务知识，指人力资源管理人员要熟练掌握国家人力资源社会保障法律法规和行政规章；还应了解本企业所从事的行业、业务种类，熟悉本企业所开展的业务范围、工作性质以及工作流程。

（3）执行能力，指对个人而言，就是把想做的事情做成功的能力。对一个企业而言，是指贯彻落实战略决策、方针政策和工作部署的操作能力和实践能力，即执行命令、完成任务、达到目标的能力，也就是通过一套有效的系统、体系、组织、文化或技术操作方法等把决策转化为成果的能力，把长期发展目标一步步落到实处的能力。执行力度决定目标实现的速度和效果。执行力是主观见之于客观，达到知与行、认识与实践的有机统一，是实现政策目标的关键性因素。

（4）思想品质，指人力资源管理人员要具备一定的思想道德品质。人力资源管理所做的决策大都涉及员工的升降和去留、劳动报酬、福利待遇等与员工切身利益相关的事项。因此，人力资源管理人员必须具有良好的道德品质，思考问题能以人为本，能以公正的态度来进行工作，以豁达的胸怀，客观地对待同事，不能将个人好恶与工作混为一谈，做到私交归私交，工作归工作，私交再好，也不能假公济私，以私代公，公私要分明。做到宽以待人，躬自厚而薄责于人。

（二）人力资源管理部门结构及职责

1. 人力资源管理部门的组织结构

组织结构是指人力资源部门在整个企业组织架构中的位置以及自身的组织形态，人力资源管理部门的组织结构在一定程度上反映了人力资源部门的地位，体现了人力资源管理的工作方式，也决定了对人力资源管理人员的需求。

人力资源管理部门传统的组织结构往往是按照直线职能制来设置的，也就是说按照人力资源管理的职能设置相应的部门和岗位。

根据企业经营规模和工作量的大小，人力资源管理职能也不尽相同，对于大中型和特大型企业来说，人力资源管理部门往往是单独设立的，如在人力资源部门内部设人事处、劳资处、职工培训处等。但也不排除人力资源管理部门的部门内部不设科层，在企业领导人的直接领导下开展工作，在部门内部人员的职责上进行业务分工，如劳资主管、培训主管、考核主管等。对于小型企业来说，由于工作量不大，将人力资源管理的职能合并在其他部门中，如在总经理办公室、综合管理部门内设专门的人力资源管理人员。

近年来，随着计算机和网络技术的发展，人力资源部门的架构也发生了新的变化，出现以客户为导向、以流程为主线的新的组织结构形式，这种新型的组织结构，在一定程度上与行政机关政策研究室的职能近似。

2. 人力资源管理者的责任分析

无论企业经营规模的大小，从高层管理者到中层管理者和基层管理者，在一定程度上都要承担人力资源管理的责任。尽管人力资源管理是该部门和部门工作人员的工作职责，但他们的工作范围和内容不能完全代表一个企业人力资源管理。这是因为：

（1）企业制定的各种人力资源管理规章制度、做出的各种人力资源管理决策，符合本企业的实际，才能保证制度、政策和决策具有可行性，才有助于企业经营发展。但素材的来源和决策支持，离不开人力资源部门的调查研究和信息反馈。

（2）企业制定的各种人力资源管理规章制度，只有真正落到实处才能发挥效用，贯彻执行规章制度仅仅依靠人力资源部门是不够的，还需要与其他各个部门形成合力，相关的规章制度和政策才能有效地落实。

（3）人力资源管理的实质是要提高管理水平，提高员工的素质和知识水平，提高员工的实操技能，挖掘员工潜力，激发员工的工作热情，从而推动企业的健康发展。因此，人力资源管理工作要贯穿于对员工的日常管理之中，而员工是分散在各个部门之中的，所以，各个部门的管理者在一定程度上充当着人力资源管理者的角色。

四、人力资源战略与规划

随着我国综合国力的日益增强，经济发展取得了良好的成绩。基于此环境，企业获得了更多的发展机会。"企业为了谋求长远的生存与发展，占据有利的竞争地位，应该制定未来发展战略，积极开展人力资源规划管理工作。"① 当人力资源管理能力较强时，必然会加快其发展的速度。

（一）人力资源战略的作用

人力资源战略确定一个企业将如何进行人员管理以实现企业目标。人力资源战略是一种方向性的行动计划，是使人力资源管理与企业经营战略保持一致的手

---

① 代二利. 基于企业战略的人力资源规划探析［J］. 活力，2022（07）：148–150.

段，通过人力资源战略，管理人员与人力资源职能人员一起确定和解决企业中所有与人相关的问题。人力资源战略能够帮助企业确定组织竞争成功的关键问题，帮助管理人员确定如何实施人力资源管理以及各项人力工作实施的先后顺序。同时，人力资源战略是一种有效的黏合剂，能把企业所有的人力资源活动连在一起，并使管理人员能够了解它们的意义。人力资源战略主要有以下作用。

第一，人力资源战略是企业战略的核心。目前的企业竞争中，人才是企业的核心资源，人力资源战略处于企业战略的核心地位。企业的发展取决于企业战略决策的制订，企业的战略决策基于企业的发展目标和行动方案的制定，而最终起决定作用的还是企业对高素质人才的拥有量。有效地利用与企业发展战略相适应的管理和专业技术人才，最大限度地发掘他们的才能，可以推动企业战略的实施，促使企业飞跃发展。

第二，人力资源战略可提高企业的绩效。员工的工作绩效是企业效益的基本保障，企业绩效的实现是通过向顾客有效地提供企业的产品和服务体现出来的。而人力资源战略的重要目标之一就是实施对提高企业绩效有益的活动，并通过这些活动来发挥其对企业成功所做出的贡献。过去，人力资源管理是以活动为宗旨，主要考虑做什么，而不考虑成本和人力的需求；现在，经济发展正在从资源型经济向知识型经济过渡，企业人力资源管理也就必须实行战略性的转化。人力资源管理者必须把他们活动所产生的结果作为企业的成果，特别是作为人力资源投资的回报，使企业获得更多的利润。从企业战略上讲，人力资源管理作为一个战略杠杆能有效地影响公司的经营绩效。人力资源战略与企业经营战略结合，能有效推进企业的调整和优化，促进企业战略的成功实施。

第三，人力资源战略有利于企业扩展人力资本，形成持续的竞争优势。随着企业间竞争的日益白热化和经济全球化的不断深入，很难有哪个企业可以拥有长久不变的竞争优势，往往是企业创造出某种竞争优势后，经过不长的时间被竞争对手所模仿，从而失去优势。然而，优秀的人力资源所形成的竞争优势却很难被其他企业所模仿。所以，正确的人力资源战略对企业保持持续的竞争优势具有重要意义。人力资源战略的目标就是不断增强企业的人力资本总和。扩展人力资本，利用企业内部所有员工的才能吸引外部的优秀人才，是企业战略的一部分。人力资源工作就是要保证各个工作岗位所需人员的供给，保证这些人员具有其岗位所需的技能，即通过培训和开发来缩短及消除企业各职位所要求的技能和员工所具有的能力之间的差距。当然，还可以通过设计与企业的战略目标相一致的薪酬系统、福利计划，提供更多的培训，为员工设计职业生涯计划等来增强企业人力资本的竞争力，达到扩展人力资本、形成持续的竞争优势的目的。

第四，人力资源战略对企业管理工作具有指导作用。人力资源战略可以帮助企业根据市场环境变化与人力资源管理自身的发展，建立适合本企业特点的人力资源管理方法。如根据市场变化确定人力资源的长远供需计划；根据员工期望，建立与企业实际相适应的激励制度；用更科学、先进、合理的方法降低人力成本；根据科学技术的发展趋势，有针对性地对员工进行培训与开发，提高员工的适应能力，以适应未来科学技术发展的要求；等等。一个适合企业自身发展的人力资源战略可以提升企业人力资源管理水平，提高人力资源质量；可以指导企业的人才建设和人力资源配置，从而使人才效益最大化，将人力资源由社会性资源转变成企业性资源，最终转化为企业的现实劳动力。

（二）人力资源规划的内涵与作用

人力资源管理的计划是通过人力资源规划这一职能实现的，因此，人力资源规划是人力资源管理的基础。人力资源规划是人力资源管理的起点，是公司战略与整体人力资源管理职能之间联系的桥梁。随着市场竞争的加剧和企业的不断发展壮大，企业能否做好人力资源规划并进行有效实施，将成为企业能否保持人才竞争优势、实现企业战略目标和稳健发展的关键所在。

1. 人力资源规划的内涵

人力资源规划是指为了实施企业的发展战略和完成企业的生产经营目标，根据企业内外环境和条件的变化，运用科学的方法对企业人力资源需求和供给进行预测，制定相应的政策和措施，从而使企业人力资源供给和需求达到平衡的过程。简单地说，人力资源规划是指对人力资源供需进行预测，并通过各种方法使之平衡的过程。这个定义包括以下含义：

（1）人力资源规划是以组织的发展战略目标为依据的，只要组织的战略目标发生变化，那么企业的人力资源规划也会相应地发生改变。所以，组织的发展战略目标是企业人力资源规划的基础，人力资源规划是企业实现其战略目标的重要支撑。

（2）组织外部环境中政治、法律、经济、技术、文化等一系列因素处于不断变化的过程中，因此，企业的人力资源状况也在不断地改变，这需要对组织的发展战略进行调整。战略目标的变化又会引起组织内外人力资源供需关系的变化，人力资源规划就是要对企业的人力资源状况进行分析预测，确保组织在短期、中期和长期对人力资源的需求。

（3）人力资源规划是要将组织的人力资源战略转化为可实施的人力资源措施和政策的过程，从而实现组织对于人力资源的需求。人力资源政策和措施要正确、明晰，如对内部人员调动补缺、晋升或降职、外部招聘、开发培训以及相应的人力资源投资等要有切实可行的措施来保证，这样才能在实施的过程中有据可依，保证人力资源规划的实现。

（4）人力资源规划是要使组织和个人得到长期的利益。也就是说，企业的人力资源规划要为组织及员工创造良好的条件，充分发挥组织中每一个员工的主观能动性，调动其工作积极性，不但使每一个员工不断提高自身的能力、素质及工作效率，还能从组织全局的角度提高组织的效率，尽快地实现组织的目标。

（5）人力资源规划要注意实现员工的目标。人力资源规划以实现组织的长远利益为主，但也需要关注组织中每一个人在物质、精神和业务发展等方面的需求，并在实现组织目标的过程中实现员工的目标。

2. 人力资源规划的作用

人力资源是企业一种重要的资源，是企业管理过程中最活跃、最具决定性的要素。人力资源规划优先于企业的其他各种人力资源活动，因此，人力资源规划具有先导性和全局性，同时它还能不断地调整人力资源政策和措施，指导人力资源活动有效进行。具体来说，人力资源规划的作用主要体现在以下五个方面：

（1）有利于组织制定战略目标和发展规划。人力资源规划是组织发展战略的重要组成部分。它以组织的发展目标为基础，将这些目标转化为企业对人力资源的需求。通过从量化和整体的角度制定人力资源管理的具体目标，人力资源规划在组织内部为战略目标和发展规划的制定提供支持。同时，企业的经营战略也蕴含着人力资源规划的内容，因此，人力资源规划的制订是企业战略规划和发展规划的关键保障。

（2）确保组织生存发展过程中对人力资源的需求。信息科技的迅速发展使得企业所处的环境变化万千。在这个变化中，企业需要不断调整其生产规模和经营领域，从而引发对人力资源的变化需求。未来的人力资源需求若未提前预测和准备，企业将难以满足未来发展的人力资源需求。因此，制订人力资源规划是为了通过对内外部环境和现有人力资源的分析，预测未来的人力资源供求，提出相应政策与措施，及时调整人力资源结构，以确保企业在变化的环境中持续发展。

（3）有利于协调人力资源的具体计划。人力资源规划构成了企业制定各种具体人力资源决策的基础，包括总体规划和各项业务计划。它为管理活动提供了准确可靠的信息和依据，例如，确定人员需求、供给、职务和任务的调整、培训等，从而保证这些管理活动的有序进行。通过人力资源规划，各项具体计划，如人员招聘、培训、薪酬和激励等，能够相互协调和配套，确保人力资源的合理利用。

（4）有利于调动员工的积极性和创造性。人力资源规划为员工展示了企业未来的发展机会，使员工能够充分了解自身需求的满足程度及时机。在实现组织目标的同时，人力资源管理也要满足员工的个人需求，包括物质和精神方面。通过在员工的职业生涯规划、福利待遇等方面做出考虑，激发员工的积极性。只有在人力资源规划的条件下，员工对自身目标的认知清晰，才能在工作中追求、激发积极性和创造性。否则，员工可能在利益和前途未知的情况下失去干劲，甚至另谋高就来实现自我价值。企业员工大量流失会影响竞争力，降低员工士气，加速员工流失，使企业的发展陷入恶性循环。

（5）有利于控制人力资源成本，提高人力资源的利用效率。企业中最大的人力资源成本是工资，而工资总额很大程度上取决于企业的人员分布状况。人力资源规划决定了企业的人员结构和职务结构。通过人力资源规划，企业可以检查和测算人力资源规划方案的实施成本及其带来的效益。同时，通过预测企业人员变化，逐步调整组织的人员结构，避免人力资源浪费，使企业的人员结构更加合理。这样可以将人工成本控制在合理水平上，从而提高企业人力资源的利用效率，是组织持续发展的重要环节。

（三）人力资源规划的程序与执行

1. 人力资源规划的程序

人力资源规划作为人力资源管理的一项基础活动，其核心部分包括人力资源需求预测、人力资源供给预测和人力资源供需综合平衡三项工作，但是在具体实施时需要将这三项工作划分为更多的步骤。组织人力资源规划主要包括以下七个步骤：

（1）明确组织战略与经营计划。制订人力资源规划的基础是组织的战略和经营计划。企业战略决策的关键信息包括技术设备特点、产品生产和销售状况、消费者情况、产品结构、企业规模、市场占有率等。因此，企业需要明确这些因素，以确保人力资源规划与企业战略保持一致。首要任务是分析企业战略和经营计划对人力资源的需求，确定实现战略目标所需的能力，明确人力资源管理的职责。这些问题的回答将构成企业人力资源目标的一部分，同时也是分析人力资源供需关系的基础。

（2）对企业现有的人力资源状况进行分析。企业现有的人力资源状况是人力资源规划的基础。为实现企业战略，首先需要充分发掘现有人力资源的潜力，这就需要采用科学的评估方法。人力资源规划主要通过结合人力资源信息系统和职务分析，对企业各类人力资源进行数量、质量、结构、利用状况、潜力以及流动率等方面的统计。人力资源信息主要包括：

个人基本信息，如姓名、性别、出生日期、婚姻状况、民族、身体状况和健康状况等。

入职资料，包括签订合同的时间、外语语种和水平、特殊技能以及对企业有潜在价值的爱好和特长。

教育经历，包括受教育程度、专业领域、各类培训证书等。

薪资记录，包括薪资类别、登记、薪资额、上次加薪日期以及对下次加薪日期和加薪额度的预测。

绩效评估，包括上次评估时间、评估或成绩报告、历次评估的原始资料。

工作经历，包括以往的工作单位和部门、培训记录、升降职原因、是否受过处分及其原因和类型、最后一次内部调动的资料。

服务与离职记录，主要包括在职时间长度、离职次数以及离职原因。

工作态度，如生产效率、质量状态、缺勤、迟到和早退记录，是否有投诉以及投诉的次数和内容等。

安全与事故记录，包括因工受伤或非因工受伤的次数、伤害原因、伤害程度、事故类型等。

在获取这些信息的基础上，一方面要充分挖掘现有人力资源的潜力，通过培训和内部流动等方式提高人力资源的利用率；另一方面要发现现有人力资源与企业发展需求之间的差距。

（3）人力资源需求预测。人力资源需求预测主要根据企业的战略规划和内外部环境，选择合适的预测方法，对人力资源需求的数量、质量和结构进行预测。在进行人力资源预测时，须综合考虑以下因素对人力资源需求的影响：①市场需求，产品或服务质量升级或进军新市场的决策；②产品和服务的要求；③人员的稳定性，如辞职和辞退员工的数量；④教育和培训状况，包括受教育的程度、培训的次数等；⑤技术和服务管理的创新；⑥工作时间、工作班次；⑦预测活动的变化；⑧各部门可用的财务预算。

在进行人力资源需求预测时，预测者的管理判断能力与预测的准确性关系重大。一般来说，人力资源需求是产量、销量、税收等因素的函数，但对于不同的企业或组织，每个因素的影响并不相同。

（4）人力资源供给预测。人力资源供给预测包括内部人员拥有量和外部供给量两个方面。内部人员拥有量预测根据现有人力资源和未来变动情况，预测计划期内各时间点上的人员数量；外部供给量预测则是确定计划期内各时间点上可以从企业外部获得的各类人员的数量。外部人员供给受地区性和全国性因素的影响。地区性因素包括企业所在地及附近地区的人口密度、就业水平、科技文化教育水平、临时员工供给状况以及公司所在地的吸引力等。全国性因素主要指全国劳动人口的增长趋势、应届毕业生的数量与结构、国家就业法规政策等。

一般情况下，内部人员数量相对透明，预测准确度较高，而外部人力资源供给受多种因素影响，存在较大不确定性。因此，企业在进行人力资源供给预测时，应重点关注内部人员数量的预测，而外部供给的预测可聚焦于高级管理人员或骨干技术人员。

（5）确定人力资源目标。人力资源目标随着企业所处的内外部环境、组织战略、业务计划、组织结构以及员工工作行为的变化而不断调整。只有在组织的战略规划和年度计划确定后，才能明确组织的人力资源需求与供给，从而确定人力资源目标。企业的人力资源目标通常是多方面的，既可通过定量分析，也可用定性、抽象的描述方法表达。

（6）制订具体计划。具体计划的制订包括人力资源计划中的各项内容，如补充计划、使用计划、培训开发计划、职业计划、绩效计划、薪酬福利计划、劳动关系计划等。这些计划不仅须具备指导性和全局性的政策，还需要包含可操作的具体措施。在供需关系发生变化时，企业可采取不同的政策和措施。

首先，在预测结果显示企业的人力资源需求大于供给时，可采取的政策和措施包括：①培训现有员工，对受过培训的员工提升并相应增加其工资待遇；②招聘临时工；③延长员工工作时间或增加工作负荷，同时给予相应的奖励；④进行岗位间平行调动，进行必要的岗位培训；⑤改进工作流程，提高员工工作效率；⑥进行技术改革或提前生产；⑦制定招聘政策，向外部招聘。

其次，在预测结果显示企业的人力资源需求小于供给时，可采取的政策和措施有：①辞退员工；②关闭不盈利的业务单位，精简职能部门；③让员工提前退休；④对员工进行再培训，调整到新岗位并适当储备未来发展所需的员工；⑤减少工作时间并相应减少工资；⑥由多名员工分担一个工作岗位，并相应减少工资。

（7）人力资源规划的审核与评估。审核与评估是人力资源规划的最后一步，涉及有关政策、措施以及效益的全面审查与评价。由于人力资源规划会随着企业环境和战略目标的变化而调整，因此，必须对其过程和结果进行监督、评估，并注重信息反馈，以不断调整规划以更好地促进企业目标的实现。

第一，通过审核和评估，可以听取管理人员和员工对人力资源管理工作的意见，激励他们参与人力资源的管理，有助于调整人力资源计划和改进管理工作。

第二，审核和评估可对企业的人力资源成本进行严格的审核和控制，这是企业最高成本项目之一。

第三，通过审核和评估，可以调整人力资源方面的项目和预算。采用的主要方法是目标对照审核法，即以企业设定的目标为标准逐项审核评估；也可广泛收集和分析各类数据，如管理层、辅助管理人员和生产人员的比例、人员流动情况、员工报酬和福利、事故与抱怨等。

在人力资源规划评估时应考虑：①人力资源预测依据信息的质量、可靠性、详尽性以及误差和原因；②人力资源规划者对人事问题的熟悉程度；③采用的预测方法的使用时间、范围和适用性；④人力资源规划者与其他部门主管之间的工作关系；⑤人力资源规划的可行性；⑥决策者对预测结果、行动方案和建议的利用程度；⑦人力资源规划在企业决策者心中的价值；⑧各部门间信息交流的难易程度；⑨实际招聘人数与预测需求的差距；⑩实际劳动生产率与预测水平的差距；⑪实际人员流动率与预测水平的差距；⑫实际行动方案的结果与预测结果的差距。

2. 人力资源规划的执行

执行人力资源规划是最后一个十分重要的环节，如果企业的规划做得十分理想，但是没有按照规划执行或在执行的过程中出现了问题，那么企业的人力资源规划就会前功尽弃，起不到相应的作用。人力资源规划的执行主要包括以下四个步骤：

（1）实施。人力资源规划的实施是执行人力资源规划中最为重要的步骤。在实施的过程中，必须严格按照人力资源规划的要求进行，并在实施前做好充分的准备工作。最终，要全力以赴，努力完成规划中的各项内容。

（2）检查。检查是人力资源规划执行过程中不可或缺的一环。缺乏检查将导致人力资源规划的实施流于形式，只是敷衍了事，使实施缺乏必要的紧迫感，从而产生各种问题。检查者最好是实施者的上级或平级员工，而不能是实施者本人或其下级，以确保检查能够深入到实施的细节中。在进行检查前，需要明确检查的目的和内容，制定详细的检查提纲。检查时，检查者应根据提纲逐条检查，避免敷衍了事。检查结束后，检查者应及时真实地向实施者沟通检查结果，以激励其更好地执行项目。

（3）反馈。反馈是执行人力资源规划不可或缺的一步。通过反馈，可以清楚地了解人力资源规划中存在的问题，哪些方面不够准确、哪些需要加强、哪些与实际情况不符、哪些成功经验可供借鉴等，使企业能够获取更多关键的人力资源规划信息。

（4）修正。修正是人力资源规划的最后一步。在收到人力资源规划的反馈信息后，应根据问题及时组织人员进行修正，使规划更加符合实际环境和企业发展的需要。需要注意的是，若只是对规划中的小项目或局部内容进行修正，影响面较小；然而，若需要对规划中的大项目或多项内容进行修正，或对预算进行较大修正，则往往需要得到最高管理层的同意。

第二节　企业人力资源管理的内容体系分析

一、绩效管理

（一）绩效管理的目的分析

绩效管理的目标主要体现在战略、管理和开发三个方面。在战略层面，绩效管理的目的在于紧密衔接员工的工作与组织战略目标，通过提高个体绩效以促进企业整体绩效的提升，从而实现组织战略目标。通过绩效管理，可以正确引导员工的工作行为，评估员工的工作绩效，并在必要时给予奖励或惩罚，以激发员工的工作动力。绩效评价的结果为企业的薪酬管理、培训开发和职务晋升等重要人力资源管理决策提供基础依据，充分体现了绩效管理的管理目的。在实施绩效管理的过程中，可以发现员工的缺点与不足。基于这一发现，有针对性地开展培训与开发工作，不断提升员工的综合素质，为提高员工绩效提供必要的素质保障。这体现了绩效管理的开发目标。

（二）绩效管理的主要作用

第一，绩效管理有助于实现企业的愿景和使命。企业的愿景和使命如果无法转化为具体的日常目标，就容易变得形式化，失去激励员工的效果。绩效管理程序能够将企业的使命和愿景转化为切实可行的定性和定量目标。这些目标从上至下逐层分解，转化为各级部门和员工实际的行动计划，引导员工的日常工作。通过遵循企业的管理流程、行为标准和倡导的方式工作，员工的绩效可以持续改进和提高，最终推动实现个人、部门和企业目标。

第二，绩效管理提供了一个规范而简洁的沟通平台。它改变了以往单向发布命令和检查成果的方式，要求管理者与被管理者定期就工作行为和结果进行沟通、评估、反馈和辅导。当员工认识到绩效管理是一种辅助而非监控的工具时，他们更愿意积极合作，从而有效地避免了冲突的发生。

第三，绩效管理有助于员工理清职业发展通道。它为企业的人力资源管理与开发提供了必要的依据。通过基于考核的绩效管理，企业可以为员工的管理决策提供支持，如对绩效优秀者的奖励、晋升、赋予更重要的职责，以及对绩效不佳者的降职、惩罚、调整期望、调岗甚至解雇。绩效管理同时为员工的培训、薪酬管理和职业规划等方面提供了指导。

第四，绩效管理有助于构建和谐的企业文化。企业文化通过企业的价值评价体系（绩效管理体系）和价值分配体系（薪酬管理体系）来发挥作用。通过建立公开的绩效评价制度和清晰的绩效标准，可以规范企业内部的行为，增强分配体系的透明度，从而促进公正、公平的企业文化的形成。

第五，绩效管理具有法律价值。随着企业人力资源管理规范化和法治化进程的推进，各个人力资源管理过程，如招聘、录用、考核、内部分配、员工解雇等，都受到国家或社会公平就业组织的监督。企业若不能提供足够的证据支持其人力资源管理措施，可能面临法律或社会公平就业组织的干涉和制裁。而这些证据主要来源于绩效管理的各个环节。因此，将绩效管理程序化、制度化，并确保所有员工熟悉并参与其中，以获取并保存相应的管理信息，对企业和员工都具有至关重要的意义。

二、薪酬管理

（一）薪酬管理的主要决策

薪酬管理的主要决策包括薪酬体系决策、薪酬水平决策、薪酬结构决策和薪酬管理政策决策。

第一，薪酬体系决策的主要任务在于明确定义员工基本薪酬的基础。国际上普遍采用的薪酬体系主要包括职位（或称岗位）薪酬体系、技能薪酬体系和能力薪酬体系。企业在确定员工的基本薪酬水平时，依据员工从事工作的自身价值、员工的技能水平，以及员工具备的胜任素质或综合性任职资格。

第二，薪酬水平决策指的是确定企业各职位、各部门以及整个企业的平均薪酬水平。薪酬水平的确定对企业的薪酬外部竞争性有重要影响。

第三，薪酬结构决策涉及同一组织内部的薪酬等级数量以及不同薪酬等级之间的薪酬差距大小。通常情况下，企业需要通过正式或非正式的职位评价和薪酬调查来确保薪酬结构的公平和合理。

第四，薪酬管理政策决策涉及企业的薪酬成本和预算控制方式，以及企业的薪酬制度、薪酬规定和员工薪酬水平是否保密等问题。薪酬管理政策的公平性与员工满意度密切相关。

（二）薪酬战略的基本类型

1. 薪酬战略与企业的发展战略

发展战略的核心问题在于企业是选择扩张、收缩还是保持稳定。采用成长战略的企业注重市场开发、产品创新、合并等方面。内部成长战略通过整合和充分利用组织所有资源来加强组织的优势，强调自身力量的增强和自我扩张；外部成长战略试图通过纵向一体化、横向一体化或多元化来扩展企业的资源，增强市场地位。实施发展战略的企业在薪酬设计上通常会提供相对较低的固定薪酬，同时采用奖金或股票期权等计划以激励员工在长期获得丰厚回报。在此框架下，采用内部成长战略的企业可以将薪酬管理的焦点放在目标激励上，而采用外部成长战略的企业则可将薪酬管理的重点放在规范化和标准化上。

采用收缩战略意味着企业由于严重经济困难而不得不缩小部分经营领域。在这种情况下，企业的薪酬管理重点是将员工的收入与经营绩效挂钩。许多企业通过薪酬制度设计来鼓励员工与企业共担风险。

稳定战略或集中战略是指企业在已经占领的市场中选择专注于最擅长的领域，并致力于更好地发展。在这种情况下，企业薪酬管理的焦点应放在内部一致性、薪酬管理的连续性以及标准化方面。基本薪酬和福利的比例较大，相对稳定。

2. 薪酬战略与企业的竞争战略

竞争战略，指的是企业在特定领域内如何通过战略选择来战胜竞争对手的问题，其中包括创新战略、成本领袖战略和客户中心战略。

创新战略，以产品创新和产品生命周期的缩短为导向，其管理注重客户满意度和客户个性化需求。因此，薪酬管理的核心应集中在对产品创新、新生产方法和技术创新的充分报酬或奖励上。在这种情况下，企业的基本薪酬水平应以人力资源市场的平均水平为基准，并保持高于市场水平。

成本领袖战略，即低成本战略，是指企业产品质量与竞争对手相当，但产品价格要低于竞争对手。在这一战略下，薪酬设计的关键是在与竞争对手相当的前提下尽量降低薪酬成本支出。通常情况下，薪酬设计者会提高可变薪酬（或奖金）的比例，以有效控制薪酬成本，并激励员工进一步提高生产效率。

客户中心战略，旨在通过提升客户服务质量、服务效率和服务速度来取得竞争优势。客户满意度成为管理者最关心的绩效指标，因此，员工薪酬的决定性因素将取决于对客户服务数量和质量的表现。

三、劳动关系管理

劳动关系是指劳动者与劳动力使用者以及相关组织为实现劳动过程所构成的社会经济关系。在不同国家或不同体制下，劳动关系又被称为"劳资关系""劳工关系""劳雇关系""雇佣关系""员工关系""产业关系"和"劳使关系"等。在西方国家，劳动关系通常称为"产业关系"，是产业中劳动力与资本之间关系的缩略语，即产业社会领域内，政府、雇主和劳动者（工会）围绕有关劳动问题而发生的相互关系。作为劳动者和劳动力使用者之间的社会经济关系的表述，劳动关系是一个最为广泛和适应性最强的概念。

（一）劳动关系的基本特点

第一，劳动关系被视为经济利益关系。雇员通过付出劳动获得报酬和福利，以维持其生活。因此，工资和福利成为连接雇主与雇员的基本经济纽带，形成雇员与雇主之间经济利益关系。缺乏这种经济联系将导致劳动关系的不存在，因此，经济利益成为雇员与雇主间合作和冲突的主要原因。

第二，劳动关系是劳动力与生产资料结合的关系。从劳动关系的主体来看，雇员是劳动力的所有者和提供者，被称为雇员（或劳动者）；而雇主是生产资料的所有者和劳动力的使用者，被称为雇主（或用人单位）。劳动关系的实质在于将劳动者提供的劳动力作为生产要素纳入生产过程，与生产资料相结合。

第三，劳动关系是一种带有显著从属属性的人际关系。尽管劳动关系是在平等自愿、协商一致的基础上建立的，一旦确立，双方在职责和管理上则呈现出从属关系。雇主须安排劳动者在组织内与生产资料结合，而劳动者则通过运用劳动力完成交由雇主的各项生产任务，并须遵守单位内部规章制度，接受雇主的管理和监督。在整个劳动过程中，无论是在经济还是人际方面，劳动者都处于雇主的从属地位。

第四，劳动关系体现了表面上的平等性和实质上的非平等性。劳动者和管理方均为劳动关系的主体，在平等自愿的基础上签订劳动合同，同样可以解除劳动关系。在履行劳动合同过程中，劳动者按照管理方的要求提供劳动，管理方支付劳动者劳动报酬，形成了权利与义务的对等关系。然而，这种平等是相对的。从总体来看，劳动者和用人单位在经济利益上存在不平等。尽管法律规定双方享有平等权利，但由于经济力量的差异，实际上存在不平等的权利。尤其在就业压力较大的情况下，雇主在劳动力市场上具有更大的优势，劳动者往往被迫接受不公平的合同条款，如较低的薪酬和福利，或过长的工作时间等。

第五，劳动关系具有社会关系的特性。劳动关系不仅仅是一种纯粹的经济关系，更多地渗透到非经济的社会、政治和文化关系中。在劳动关系中，劳动者不仅追求经济利益，还寻求如荣誉、他人的尊敬、归属感、成就感等其他方面的利益。因此，工作不仅是劳动者生存的基础，工作场所也是满足劳动者多方面需求的场所。这要求雇主在满足劳动者经济需求的同时，关注劳动者的社会需求。

（二）劳动关系的构成主体

劳动关系的主体是指劳动关系中相关各方。从狭义上讲，劳动关系的主体包括两方：一方是雇员和以工会为主要形式的雇员团体；另一方是雇主及雇主组织。从广义上讲，除了雇员或雇员团体和雇主外，政府通过立法介入和影响劳动关系，政府也是广义劳动关系的主体之一。

1. 雇员

劳动关系中的雇员是指具有劳动权利能力和行为能力，由雇主雇用并在其管理下从事劳动以获取工资收入的法定范围的劳动者。一般具有以下特征：雇员是被雇主雇用的人，不包括自由职业者和自雇用者；雇员要服从雇主的管理；雇员以工资为劳动收入。

2. 雇员团体

在劳动关系中，员工和雇主地位之间的差距是造成劳资冲突的根本原因。为了能够与雇主相抗衡，员工组织了自己的团体来代表全体员工的共同利益。雇员团体包括工会和类似于工会的雇员协会与职业协会。

在许多国家，工会是雇员团体的主要组织形式。工会的组织原则是对员工招募不加任何限制，既不考虑职业因素，也不考虑行业因素。工会以维护和改善员工的劳动条件、提高员工的经济地位、保障员工利益为主要目的。早期工业化时代，政府对工会采取禁止、限制的态度，雇主对工会采取强烈抵制的态度，工会更多地被当作工人进行斗争的工具。随着对工会角色职能认识的不断深入，雇主不再把工会的存在当作是对管理权的挑战。而是理性地看待工会，期望通过与工会的合作来改善劳资关系，提高企业的竞争力；政府不断出台法律、法规来协调劳动关系，工会日趋完善。

3. 雇主

雇主也称用人单位、用工方、资方、管理方，是指在一个组织中，使用雇员进行有组织、有目的的活动，并向雇员支付工资报酬的法人或自然人。各个国家由于国情的不同，对雇主范围的界定也不一样。例如，在德国，就把至少雇用一名雇员的人称为雇主；而在挪威，把雇用单位及雇用单位的行政领导人作为雇主；在我国，使用得更多的是"用人单位"这一中性概念。

4. 雇主组织

雇主组织是由雇主依法组成的组织，其目的是通过一定的组织形式，将单个雇主联合起来形成一种群体力量，在产业和社会层面通过这种群体优势同工会组织进行协商和谈判，最终促进并维护每个雇主成员的利益。雇主组织通常有以下三种类型：行业协会、地区协会和国家级雇主联合会。在我国，像中国企业联合会、中国企业家协会、各种总商会、全国工商联合会和中国民营企业家协会等，都是雇主组织。

雇主组织的主要作用是维护雇主利益，主要从事的活动有四种：①雇主组织直接与工会进行集体谈判；②当劳资双方对集体协议的解释出现分歧或矛盾时，雇主组织可以采取调解和仲裁的方式来解决；③雇主组织有义务为会员组织提供有关处理劳动关系的一般性建议，为企业的招聘、培训、绩效考核、安全、解雇等提供咨询；④雇主组织代表和维护会员的利益和意见。

5. 政府

现代社会中政府的行为已经渗透到经济、社会和政治生活的各个方面，政府在劳动关系中扮演着重要的角色，发挥着越来越重要的作用。政府在劳动关系中主要扮演四种角色：①劳动关系立法的制定者，通过出台法律、法规来调整劳动关系，保护雇员的利益；②公共利益的维护者，通过监督、干预等手段促进劳动关系的协调发展，切实保障有关劳动关系的法律、法规的执行；③国家公共部门的雇主，以雇主身份直接参与和影响劳动关系；④有效服务的提供者，为劳资双方提供信息服务和指导。

（三）劳动关系的管理意义

劳动关系管理是通过规范化和制度化的管理方式，确保企业与员工之间的行为规范，权益得到有效保障，从而维护劳动关系的稳定和谐，促进企业的稳定运行。劳动关系之所以具有重要性，不仅因为其拥有明确的法律内涵，受国家法律调控，更因为在企业管理中扮演着关键的角色，是人力资源管理的重要职能。人力资源管理人员应深刻理解劳动关系并能正确处理其相关问题。劳动关系管理工作的深刻意义体现在以下三个方面：

第一，劳动关系管理有助于避免矛盾激化的发生。劳动关系的和谐与稳定直接影响社会关系的稳定水平。劳动争议不仅反映了劳动关系管理工作的不和谐，同时，若处理不当，还可能引发一系列社会治安问题。因此，正确、公正、及时地处理劳动争议是避免矛盾激化、减少恶性事件发生的关键。对劳动争议的处理应注重合理性，避免矛盾升级。

第二，劳动关系管理有助于保障劳资双方的合法权益。劳动争议大多源于劳动权益与义务的争议，降低了企业与劳动者之间的信任度。无论是雇主还是劳动者，任何一方侵犯对方权益、不履行相关义务和责任、违反国家规定，都会对劳动关系的正常运行产生障碍。及时合理地处理劳动争议可以提高当事人的法治观念，确保劳资双方的合法权益。

第三，劳动关系管理有助于满足构建和谐社会的要求。随着市场化进程的发展，构建和谐社会需要稳定和谐的劳动关系。社会是文化、政治、经济等多个方面的统一体，是以物质生产为基础的人类生活共同体，也是人与人在劳动过程中建立的各种关系的总和。在各种社会关系中，劳动关系是最为重要和基本的关系，是一切社会关系的核心。因此，加强劳动关系管理是构建和谐社会的必要要求。

第三节　企业人力资源法律风险及其表现

企业人力资源管理的法律风险是指在管理企业人力资源的过程中，由于对人力资源管理的各环节中，所涉及的法律问题的处理不甚合理，或者存在不符合国家法律、法规的行为或事实，进而给企业的经营管理以及发展带来潜在利益损害的可能性。

一、企业人力资源法律风险的特征

一是普遍存在性。在人力资源管理的过程中，重要的六大环节的产生和其发展，其中的每一个环节都蕴藏着法律风险，这些法律风险贯穿于劳动力在一个企业从求职到离职的全过程，甚至涉及劳动者离职后的一些问题，其存在的空间比较大、比较广，在这样的特征下，对于人力资源管理过程中法律风险的认知和防范，可能会存在死角，造成由于对法律风险认知不足而招致整个管理活动的失败。

二是职位独特性。人力资源的分配依托于人力资源的不同特质和才能，而在不同的工作岗位中，人力资源具有与职位相关的独特性，因而，所导致的法律风险也具有相关的职位独特性。比如，核心技术部门的人力资源，就更容易导致竞业禁止的法律风险；高危职业中，就更容易出现重大责任事故以及处置工伤的法律风险。

三是动态性。人力资源管理的法律风险，贯穿于人力资源管理的各个环节中，而这些环节中，法律风险发生的频率、强度、范围、时间、空间都不尽相同，在同一时空中，频率、强度和范围也不同。这些因素是实时变化、不断运动和发展的。人力资源的这种动态性，导致在人力资源管理过程中，法律风险防范困难，进而使得这种法律风险防范也具有多样性。

四是破坏性。就像笔者一直强调的或者论述的，对于企业的生存发展来说，人力资源是一种不可或缺的、影响重大的因素。在企业运营的过程中，一旦对于人力资源的管理有所放松警惕，管理力度不够，法律风险成为现实，那么就会给企业造成巨大的损害。它危害的不仅包括企业的物质资源安全，还包括企业的商业核心资源的安全，一旦发生风险事故，对企业的影响可能是致命的。

五是可控性。人力资源管理中的法律风险虽然是普遍存在的、不断变化的、性质多发的、破坏巨大的，但是，它同时也是可以控制的。人力资源管理已经成为一个众多学者关注和研究的问题，并形成人力资源管理学这样一门学科。研究人力资源管理，实际上就是合理地配置人力资源，对于人力资源管理进行全局性的把握。而其中较为重要的一个方面就是使一切管理活动都在规则和法律的框架之中。因此，对于普遍存在的性质多发的人力资源管理，并不是盲目的，而是有力可发的；另外，法律具有公开性的特点，其一切的原则，在一定的时空内都是相对固定的，不会朝令夕改，从而，在企业进行人力资源管理的过程中，并不是没有指引的，而是有法律可以参照的。故而，企业人力资源管理过程中的法律风险，实际上是可以控制的。

二、企业人力资源法律风险的表现

（一）企业招聘的法律风险

人力资源管理工作的首要环节就是招聘新员工，这个环节是企业人力资源管理在时间序列中的起点，其中的任何疏忽或粗心大意，都可能使企业付出更高的成本和惨重的代价。可以说，企业人力资源管理过程中的法律风险，相当一部分都是在招聘时埋下的隐患导致的。

1. 信息模糊或与法律法规规定相违背的招聘广告

（1）招聘信息不明确。在招聘的过程中，招聘广告信息需要明确具体，对于招聘的人员的基本情况、学历要求、资质要求、工资标准、服务种类、工作性质等，需要尽量清晰准确，避免模糊笼统的招聘信息。比如，某招聘广告：招聘一名保安，要求身强体壮威猛、无不良嗜好，薪酬面议。这则招聘广告就较为模糊，对于"身强体壮""威猛"和"不良嗜好"，都没有较为明确的限定。对于"身强体壮威猛"，其原本的意思是要求这名保安身体强壮，而且比较勇敢，能够起到保安的作用。但是，这种模糊的规定，就可能导致在试用期时，发现此人虽然身强体壮，但是非常胆小，遇到情况没有胆量处理，明显不适合保安的工作，显然不符合录用条件"身强体壮威猛"的要求。但是，由于广告的模糊和笼统，就会使企业处于不利的地位。法律规定：在试用期，对于不符合用工条件的劳动者，用人单位可以对劳动关系予以解除。但是这种解除权行使的前提条件在于，用人单位必须负责举证，并且承担举证不利的后果。但是，由于招聘广告的模糊和笼统，就使得招聘企业无法举证证明劳动者不符合应聘条件，从而招致法律风险。

（2）虚假或者不真实的招聘信息。部分企业常常会通过虚假的招聘广告吸引人才，这些广告往往内容不实，和企业实际的状况、劳动者待遇等并不一致。比如，虚报薪金待遇等。这些虚假的不真实的招聘信息，可能会招致相应的法律风险。

2. 对应聘信息的审查不严格

企业在招聘员工时，需要对应聘者的身体状况、资质状况、工作状态、竞业禁止状况等进行严格的审查，对于不符合规定的应聘者不能录用，否则终成隐患。比如，对应聘者身体状况审查不严格，就可能导致身体不健康的员工进入公司，这种情况，就导致了企业要对此应聘者的身体状况负责。根据《中华人民共和国劳动法》（以下简称《劳动法》）规定，对于患病或者负伤，在规定的医疗期内的员工，用人企业不得解除劳动合同。即便医疗期届满，用人企业解除劳动合同也受到严格限制，比如，如果医疗期届满以后，确定劳动者已丧失劳动力或者已经残疾，企业仍然不能与之解除劳动合同；《劳动法》规定，劳动者患病或者非因工负伤，医疗期满后，不能从事原工作，也不能从事由用人单位另行安排的工作的，用人企业可以与之解除劳动合同，但是要给予一定的经济补偿。

故而，企业在招聘员工时，一定要检查其待业状态的证明（这里的证明是指应聘者是否曾经工作过，如果工作过，需要出示终止、解除原劳动合同的证明；这里的证明一定是书面的），只有确定应聘者是处于真正待业的状态，才可以与其签订劳动合同，建立劳动关系。

（二）劳动人事管理的法律风险

1. 劳动社会保障的法律风险

社会保障是依据相关法律的规定为社会成员提供的救助和补贴，这种救助和补贴是为了保证社会成员的基本生活权利。社会保障是为了保证公民的生存权，是国家通过法律和制度，对于国民收入进行的分配和再分配。其目的是保障劳动者在年老、疾病、失业、工伤、生育时的基本生活不受影响，不断增加社会福利，提高国民生活质量的制度。企业需要保障劳动者的权益，使得劳动者无后顾之忧。国家法律赋予每位劳动者享受社会保障的权利，同时，企业作为劳动者服务的对象，理应承担保证劳动者社会保障的义务。

2. 日常人事管理的法律风险

《劳动法》对于企业的日常人事管理进行了规定，涉及员工的教育与培训、工资报酬和福利保障标准、工作绩效考核、员工档案管理等方面，这些方面都需要企业进行建构和设计，否则就容易产生风险。比如，对于员工档案的保管。如果人力资源管理部门对员工入职时的简历及关于工作表现和成绩、职务的升降、奖惩和教育等方面的书面记录材料都能负责任地做好登记和存档，人力资源的管理就更趋于科学化、专业化和规范化，那么出现法律风险的概率就会大大降低，而如果对于员工的档案管理较为粗放，建档不全，资料不完整，缺乏优化和调理，那么，日后出现问题的概率就更大一些。

（三）劳务派遣的法律风险

劳务派遣，是一种新兴的用工形式，是现代企业重要的用工形式。然而，劳务派遣的用工模式，为企业的选择性用工提供了出路，但是，由于这种用工模式法律关系构成的复杂性，往往较容易出现相应的法律问题，因此，企业要谨慎对待劳务派遣中的法律风险。

1. 劳务派遣机构主体资质的法律风险

劳务派遣并不是任何企业都能经营的，由于劳动派遣的用工形式的特殊性，法律对其进行严格的规定，尤其是对于劳务派遣机构的主体资质进行了严格的规定。《中华人民共和国劳动合同法》规定，具有劳务派遣资质的企业需要有注册资本的限制、固定的经营场所与设施、相应的管理制度设置、向相关部门依法申请并取得认可等条件。然而，不乏受利益驱使在资质欠缺的情况下进行劳务派遣的情况发生，而这种情况也会导致法律风险。因而，因劳务派遣资质可能引发的法律风险，按照劳务派遣过程中派工单位和用工单位的角色不同，可分为派工单位的风险和用工单位的风险。

2. 劳务派遣协议的法律风险

劳务派遣，首先需要完成的是劳务派遣协议的订立工作。不重视这项工作，很可能会导致更多法律风险产生。

（1）派遣协议没有采取书面形式。实践中，很多企业为了方便或者规避法律责任，而不愿意与劳动者签订派遣协议，或者只以口头的形式对于派遣事宜进行约定。这种对于派遣协议不重视的情况，是非常危险的，一旦出现劳资问题，无论是对于企业还是对于劳动者的损失都是比较巨大的。

（2）派遣协议内容瑕疵。派遣协议的内容，法律有明确的规定，其规定的内容是派遣协议中应该有的内容，如果内容出现瑕疵，便可能招致法律风险。因为劳务派遣涉及劳动者、劳务派遣单位以及用人单位的三方关系，情况较为复杂，因此，对于协议的认识需要更加清楚和准确，以防出现相应的法律风险。

（3）劳动派遣单位对于劳动者义务的告知。被派遣的劳动者有权利了解被派遣的单位名称、工作具体岗位、被派遣职务的性质、派遣的期限、工资与报酬福利以及与之相关的内容。劳务派遣单位也有义务将劳动者的权利和义务告知劳动者，如果没有有效告知，日后就可能产生相应的法律问题，构成法律风险。

3. 劳务派遣用工模式的法律风险

对于劳务派遣的用工范围和用工比例，法律有明确的规定，违反规定会招致法律风险。有些企业成立的时间比较短，对于拥有技术能力的员工的需求量比较大，而企业原有的职工队伍技能还不成熟，处于正在进行的培训期，但是企业的生产任务比较重，为了供应市场，就需要尽量扩大产量，获得竞争优势，抢占市场。对于这样的企业，减少生产人数就意味着减产，也就意味着放弃了市场份额，进而减少企业的收益、影响企业的效益。因此，为了维持企业的正常生产，这些企业的生产员工队伍主要依靠劳务派遣，对于劳务派遣用工比例的限制，无疑是对企业生产能力的限制。因此，有些企业就会铤而走险，不将劳务派遣人员降到规定比例，这样，企业就可能招致法律的制裁，并面临较为严重的经济处罚。

用工单位的风险。《劳动法》为了更好地保护劳动者，对于用工单位的义务和责任进行了规定。用工单位不仅不能给劳务派遣者造成损害，而且还需要与符合资质并且合法规范的劳务派遣公司合作，用工单位还要监督劳务派遣公司的派遣活动。如果用工单位或者劳务派遣公司给派遣劳动者造成损害，用工单位要承担连带责任。这一规定使得企业接受劳动派遣用工的法律风险骤然增加。

第四节　企业人力资源法律风险的防范措施

对于人力资源管理法律风险的防范，可以利用法律风险防范的一般方法进行。也就是说，企业通过法律风险的一般防范方法，可以防范因人力资源管理不利而出现的法律风险。但是，由于人力资源管理的特殊性，对于其产生的法律风险的防范还有一些特殊的方法。针对前文罗列的企业人力资源管理过程中可能存在的法律风险，提出以下几点与法律风险相应的防范方法。

一、企业招聘的法律风险防范

（一）招聘广告信息的合法化、明确化、真实化和规范化

鉴于企业招聘广告信息可能有广告信息模糊、具有歧视信息等违法事项以及信息不实等瑕疵，企业的招聘广告信息应该在法律法规的框架下，合法规范，严

谨明确，真实可信，要尽可能地避免广告信息有歧义、内容模糊、违反法律法规的规定、存在不实信息等。

1. 严格审核招聘广告

（1）招聘信息真实明确。在内容上，招聘广告的信息，应该至少包括企业的简介，企业需要什么样的人，需要这些人完成什么样的工作，为员工提供的薪金和待遇等方面。需要根据企业实际情况确定招聘员工所需具备的身体条件、资质条件，以及岗位适应性等标准，对于特殊岗位，还需要具有一些特殊条件的要求，如年龄限制、性别限制或者特殊岗位的许可资质等。对于这些信息，要保证其内容的真实性，不能存在虚假的信息。尤其是对企业规模和实力的介绍，对于招聘工作内容和工作性质的要求，以及待遇标准这些方面，不能存在偏差，要做到真实可信。对于招聘信息的文字表达，需要用易于所在语言体系下，社会一般人能够理解和正确解读的语言，尽量避免一词多义、一语双关等容易出现歧义理解的表达方式，做到严谨明确，排除模糊的不确定的表达法。

（2）制作招聘广告时，要协调好招聘内容的企业自主性与合法性之间的关系。对于招聘信息内容的确定，企业具有相当大的自主性，也就是说，企业可以根据需要，自主地确定招聘信息中的各个要素、确定工作岗位所包含的任务、劳动者的义务以及薪金和待遇标准。

（3）招聘广告需要企业有专门的领导或者部门进行审核和把关。制作好的招聘广告，需要有专门的人对之进行审核，对于任何不实信息，不明确的文义选择以及明显的违法信息进行排除，做好对招聘信息的把关和监督。

2. 做好招聘广告的法律风险论证工作

企业招聘广告信息在制作好后，需要有专门的人员和部门对之进行审核和把关，对于一些明显的违法信息进行排除。虽然如此为之可以减少招聘信息的违法，但是，要从终极意义上杜绝招聘信息的违法，需要在招聘信息进入市场前，对招聘信息进行法律风险论证和测试，从而从法律的专业角度，在根本上杜绝企业招聘信息的违法性。

（1）组建专门的团队或者安排具有相关专业资质的人员，对招聘信息的合法性进行论证，通过推敲排除违法事由。

（2）运用科学的方法，对招聘信息的合法性进行测试，比如，将招聘信息放到一般理性思维和语法习惯的人群中，测试该信息的文义是否与招聘者的意图相符合等。

（3）在论证和测试法律风险的过程中，要注重招聘的效率。前面的两个方法的意思是要对招聘信息的合法性进一步进行专业的判断，判断时需要运用科学的方法，这些科学方法的运用需要具体问题具体分析，对于比较重要的岗位招聘需要尤为注意，而对于工作性质简单、语言表达清晰的广告信息就不必过于耗费时间和精力。做到全面注意招聘信息的法律风险，做好法律风险评估并不是降低招聘工作效率的理由。因为招聘效率的降低，就会招致企业的其他风险，对于法律风险防范的同时，也要兼顾其他风险的防范。

3. 对广告信息进行合理合法解释

（1）将简单明了的招聘信息做具体化的解释。广告的一个最大优点就是通过简洁明了的语言、清楚醒目的表达，最大限度地介绍对自己有利的信息。而为了追求这种简洁明了，有时候就会忽视广告信息的详尽性。招聘广告也存在这种问题。缺乏详尽性并不意味着广告的不明确、不确实，而是因为简明表达而引起广告信息的不具体。这就需要发布招聘广告的企业对招聘信息合法合理地进行解释，通过解释使简明的广告信息具体化，让招聘者进一步准确地了解招聘信息。

（2）对招聘广告的文义进行解释和说明。即便是对广告的文义尽到了最大的注意义务，但在实践中，还会存在文义表达不明确或者有多重含义的情况，对于这种情况，企业需要对广告信息进行合理的解释，并且在招聘面试时进行说明，最好能留下应聘者已了解或者已接受此解释的书面证据。

（二）在招聘过程中，企业要对应聘者尽到告知义务

劳动者有权利了解自己的工作性质、内容等，因为如果对这些内容不知情，就可能出现与企业订立劳动合同时的意思表示不正确或者不自由，从而有违现代市场经济的契约精神。因此，企业在招聘的过程中，应当根据法律通过有效正确的方式，将工作性质、时间、地点、内容等一系列法律明确的事由告知应聘者，充分地保障应聘者的知情权。这不仅需要在实体上真正地告知，还要具有正当的程序要求。在实体上的告知，需要企业做好以下工作。

一是要在招聘宣讲中，对工作要求和性质做出明确的讲解和告知。

二是要在网络报名系统或者现场报名处明示应聘者应该知情的信息，对于特殊岗位最好做出特殊说明，进行特殊提醒。

三是要在面试时进一步明确员工应当知情的事项。

四是要在劳动合同中将具体的要求和员工应当知情的事项如实告知劳动者，这点是至关重要的。在告知的程序上，应当强调两方面。①保证程序化和规范化。对于对劳动者的告知工作，需要正式正规。告知的内容要直接明确且实事求是，不能拐弯抹角，不能有所隐瞒，不能采取让社会一般人无法理解的表达和方式。②注重告知结果的证据保存。采取书面形式、保留告知义务履行的存根等方式，将企业对应聘者的告知义务的履行形成有证明效力的证据，若日后出现相应法律问题，这些证据可以证明企业已经履行了告知义务，合法保护了应聘者的知情权，进而免除责任。

（三）严格审查劳动者的信息

企业在招聘员工的过程中，需要对应聘者的各种信息进行严格的核实，尤其是对身体状况、待业情况、工作经历情况以及竞业禁止情况进行核实，对于情况属实者和符合企业要求者进行招录，对于信息虚假者或者不符合要求者进行排除，对于严重的或者对企业造成损失的应聘者追究相应的法律责任。企业在招聘劳动者的时候，企业和劳动者的关系属于一种契约关系，是一种平等的关系，因此，企业要充分发挥作为平等主体一方的法律功能，对劳动者是否符合企业的要求进行全面的衡量，对劳动者与应聘岗位的匹配性进行严格正规的核实，进而杜绝因应聘者信息审核瑕疵而产生的法律风险。

二、劳动人事管理的法律风险防范

（一）健全符合市场经济要求的人事管理理念

市场经济是一种包含现代平等、公平、自由、正义理念的经济，是一种以契约为基本样式的经济。在市场经济中，企业和劳动者之间具有平等与隶属的双重关系属性。在建立劳动关系、建立劳动关系的条件构成，以及劳动关系的维持上，双方是平等的契约关系，法律赋予了劳动者劳动选择的自由，对于企业的用工选择也同样赋予了自由。而在双方订立了劳动合同、确立了劳动关系以后，企业有权利按照自己的规章要求劳动者开展何种工作、如何开展工作，劳动者按照劳动合同的规定，悉心听从企业的安排。在现代法治的今天，在人力资源管理的过程中，要清楚地认识到这种平等性与隶属性，在权利本位的法治选择中，要充分尊重劳动关系双方的意思自治，在劳动关系缔结时、缔结后以及结束时，都要以平等、公平、自由、正义的理念为基石。

因此，企业要树立与市场经济理念相匹配的人力资源管理理念。在这样的大原则之下，企业要规避法律风险，还需要树立与之相关的附属理念。比如，市场经济的契约精神，要求企业要有合同意识，要诚实信用，要等价交换。再比如，市场经济的法治精神，要求企业要有法律意识，人力资源管理制度要合法、合理、规范；要求企业要有证据意识，杜绝对任何事务的口头化、非正式化和随意性，为可能出现的问题做好证据准备。

（二）加强日常人事管理

企业的日常人事管理是一种常态化的管理，涉及人力资源管理的方方面面。从劳动合同、入职离职、工资、社会保障、违章违纪等各个不同的角度，事无巨细地、常态性地进行一种干预和管理工作。对于这些常态化的管理，必须重视其合法性、合理性、可行性，保证其能顺利进行和开展。还需要进行专门化作业，设立专业的部门，交予专业人员进行工作，同时，对于相应的事项，每一个事项都需要有专门的记录存档工作。要规范人事变动及档案内容更改程序，总体的原则是公开、民主、正规。不能在没有任何公证的情况下，随意进行人事变动或者更改人事档案，要做到"改必有因、无因不改"，杜绝因为人事变动和人事档案变动而产生的法律风险。

三、劳务派遣的法律风险防范

（一）签订正规的派遣协议

第一，注重派遣协议的合法有效。正规的劳务派遣协议应当是三方当事主体共同签订的协议，协议的签订需要符合国家相关法律法规的规定，采取书面的要式的形式，充分注重对劳务者权利义务的规定，避免协议内容的瑕疵。从合同的性质上来说，劳务派遣合同是一种民事合同，作为另外两种明确关系的桥梁，其本身并不确立劳动关系，而是为其他合同的实现牵线搭桥。即劳务派遣机构与被派遣的劳动者之间的劳动关系和用工单位与劳动者之间的劳务关系。这是两种迥然不同的法律关系，因此，为了尽可能地避免在劳务派遣过程中劳动者的权益受到损害，劳动合同与劳动派遣协议都应当采取书面的形式，否则就是无效的劳务派遣，所谓劳务派遣并不成立，而成为单纯的劳动者和用工单位之间的合同，一种普通的劳动关系据以成立了。在派遣机构与被派遣的劳动者签订劳动合同时，要充分地注重劳动者的意思自治，在此基础上，要将一些涉及劳动者与企业的基本权利义务关系的条款明确清楚。

总之，劳务派遣协议需要明确具体，内容全面严谨，充分体现劳动者的意思自治，尽可能地维护劳动者的权益。用工单位需要监督派遣单位，令其必须进行派遣协议的签订，并要求该派遣机构到有关部门将该协议进行备案，在劳动合同并未依法订立的情况下，应当监督其在规定时间内签订，在逾期仍不签订的情况下，则需要终止与派遣单位的合同关系，以避免承担相应的连带责任的法律风险。

第二，用工单位需要尽可能地采取措施，规避因派遣单位的原因产生连带责任的法律风险。主要包括：①督促派遣机构与劳动者签订合法有效的劳务派遣协议；②对于劳动者的工作安全以及劳动者的其他合法权益方面，派遣机构与用人单位都具有保护的责任，如果劳动者在工作岗位上受到伤害或者遭遇损失，应当由劳务派遣单位与用人单位共同承担。这样的规定，就可以通过强化劳动者的双重雇主的责任和义务，以限制用人单位规避法律义务，降低用工成本的行为。亦可避免双方对责任的相互推诿，真正地维护劳动者的合法权益。

第三，对劳动者义务的告知。劳务派遣单位有义务在劳务派遣协议中规定劳动者的义务，应当将与劳动者利益相关的事项告知被派遣劳动者，并且，在尽告知义务时，需要通过书面形式，如文件、通知书等，证实这种义务已然完成，以作为查证的证据，在争议发生时发挥作用。

（二）采用合法的用工模式

第一，企业需要根据法律的规定，确定用工范围和用工比例。企业应根据法律所界定的用工范围，杜绝"辅助性岗位因缺少认定程序和标准而滥用"的情形，杜绝"生产一线存在的混岗现象"。企业还需要根据法律的规定，确定劳务派遣用工的数量和比例，即用工的单位，其使用的劳务派遣的劳动者数量少于或者等于其总用工量的 10%。

第二，避免事实用工。用工单位通过各种手段直接或者间接地滥用劳务派遣用工方式，产生事实用工额的情形，危害是可见一斑的。因此，企业要杜绝不合法的事实用工，通过合法的劳动派遣主体获取劳动者，然后处理好与劳动者的劳务关系即可。

第三，杜绝因派遣劳务的来源不同，而同工不同酬。因为各种各样的差别，对劳务派遣的劳动者的招聘方式是不相同的，比如，有企业自主招聘的，有试用后由劳务公司代管的，有根据用工要求而直接派遣的。虽然这些员工的来源不尽相同，但在待遇上不能有差别，杜绝同工不同酬情形的发生。

第六章 企业知识产权管理及其法律风险防范

第一节 知识产权与知识产权管理的解读

一、知识产权

知识产权是民事主体对其智力活动创造的成果和经营活动中的标记、信誉等依法享有的运用、保护和管理的专有权利。

（一）知识产权的保护对象——知识产品

知识产权的保护对象是指在科技或文化等活动中创造或创作的、以发明创造或文艺作品方式等存在的产品，简称知识产品。

知识产品大致分为三类。①创造性成果，包括作品（著作权客体）及其传播媒介（邻接权客体）、工业技术。其中，作品是指文学艺术领域中以不同表现形式出现并且具有原创性的创造成果；传播媒介是指在作品传播过程中产生的与原创作品相关的各种产品或其他传播介质；工业技术是指在产业领域中物化在物质载体上的、依据科学理论和生产实践发展而成的工艺操作方法或技能及其生产工具和其他物质形态。②经营标记，即在产业领域中标示产品来源和厂家特定人格的商标、商号、产品名称等区别性标记。③经营性资信，即工商业主体在经营活动中具有的经营资格和优势及其所获得的特许专营资格、特许交易资格、信用及商誉等。

知识产品的基本特征包括三方面。①创造性或独创性。创造性是知识产品对现有技术或已有作品的创新程度。一般来说，专利对创造性的要求最高；享有著作权的作品对独创性的要求次之；而商标对创造性的要求只需达到能够区别不同产品或服务的程度即可。②非物质性。非物质性是指知识产品没有形态，不占空间，且可以被不同主体同时占有和使用的性质。知识产品的非物质性通过其载体表现。例如，作品表现为文字著述、音乐、绘画等，发明表现为技术方案、形状和构造，商标表现为图案、色彩和符号等。③公开性。公开性是知识产权所有人必须将知识产品公之于众的要求。专利申请人必须将其发明的技术方案公开，才有可能获得专利权；尽管作品完成之时即可获得著作权，但是如果作品不公开，其权利的意义便无从谈起；如果商标不公开，便无法与他人的商品或服务分开，就更谈不上商标权。

(二) 知识产权的特征

1. 专有性特征

知识产权的专有性主要表现在两个方面：一是知识财产为权利人所独占，并受相关法律严格保护，没有法律依据或未经权利人许可，任何人不得使用权利人的知识产品；二是对同一项知识产品，不允许有两个以上同一属性的知识产权并存。

2. 地域性特征

知识产权是按照一个国家或地区的相关法律规定，对知识产品授予的专有权利，只能在该国或该地区范围内发生效力。知识产品的非物质性决定了权利人对其无法进行实质性的占有，所以也无法像有形财产那样占有而适用"权利推定"，从而使知识产权在授权国家或地区以外的区域得到相应的保护。因此，除非签有国际公约或双边互惠协定，知识产权没有域外效力。或者说，授权国家或地区以外的其他国家或地区对该项知识产权没有保护的义务。也就是说，如果没有国际公约或双边互惠条约的规定，授权国家或地区以外的其他国家的任何人都有权在自己的国家内自由使用该知识产品，无须取得权利人的同意，也不必向权利人支付报酬。

3. 时间性特征

知识产权的时间性是指知识产权只能在法律规定的期限内受到保护，法定期限届满之后，该知识产品就会进入公有领域，成为整个社会的共同财富，供人类共同使用。它体现了对权利人知识产权的有限保护与社会公共利益的平衡。根据各类知识产权的性质、特征及本国实际情况，各国法律对著作权、专利权、商标权都规定了不同的保护期。著作权的保护期是指著作权人只能在一定期限内享有对作品的专有使用权和获得报酬权。专利权的保护期依据社会与权利人利益的协调和发明技术价值的寿命等因素确定。商标权的保护期与著作权和专利权的保护期不同，有效期届满后，在符合一定条件的前提下，可以无限续展，从而延长商标权的实际有效期。随着知识产权的一体化程度的不断加强，世界各国的知识产权保护期限呈现一致的趋势。

（三）知识产权的分类

知识产权依据其适用领域可划分为文学产权和工业产权。文学产权是指关于文学、艺术、科学作品的创作者和传播者所享有的权利，包括著作权以及与著作权有关的权利。工业产权是指工业、商业、林业和其他产业中具有实用经济意义的知识产权，主要包括专利权、商标权、商号权、商业秘密权、集成电路布图设计权、地理标志权和植物新品种权等。

知识产权依据其权利来源可以划分为创造性成果权和经营性标记权。其中，创造性成果权包括著作权及邻接权、专利权、商业秘密权、集成电路布图设计权和植物新品种权。这些权利保护的对象都是人们从事智力活动形成的成果。经营性标记权包括商标权、商号权、域名权、地理标志权等。该类权利保护的对象主要是指标示产品来源或经营厂商的区别性标记，主要存在于工商业经营活动中。

二、知识产权管理

随着经济全球化的不断加深和知识经济的日益彰显，知识产权竞争越来越激烈。创新主体为了在市场竞争中获得并保持优势，获得更多经济效益，加强知识产权管理成为其提升整体管理水平的重中之重。首先，有效的知识产权管理不仅有助于增强创新主体的创新意识和知识产权意识以及建立知识产权激励机制，而且有助于借助外部力量进行创新和研发，从而增强创新主体的创新能力；其次，有效的知识产权管理有助于建立知识产权侵权预防机制和被侵权时的快速反应机制，从而增强创新主体的知识产权保护能力；再次，有效的知识产权管理可以提升创新主体的知识产权运营能力和应对知识产权纠纷及其相关事务的能力；最后，有效的知识产权管理有助于创新主体的各职能部门在知识产权事务中的配合与协调，从而提高创新主体的组织协调能力。

（一）知识产权管理的特征

管理是协调工作活动使之有效率和有效果的过程，是同别人一起或通过别人使工作活动完成得更有效率和更有效果的过程，也是管理者对管理对象加以计划、组织、协调和控制，使其发展符合组织目标的活动和过程。知识产权管理是指政府机构、高校、科研院所、企业或者其他组织等主体计划、组织、协调和控制知识产权相关工作，并使其发展符合组织目标的过程，是协调知识产权事务的宏观调控和微观操作活动的总和。

1. 合法性特征

知识产权管理的合法性是指管理主体所从事的知识产权管理活动，不得违反相关法律法规，特别是知识产权法律法规、规章制度的性质。

从"法"的位阶来看，知识产权管理的合法性具体包括两个方面：①管理活动必须符合国家法律法规、地方性法规和部门规章；②管理活动必须符合组织内部规章制度。

从管理要素来看，知识产权管理的合法性包括五个方面：①管理者的主体资格合法；②管理对象即相关知识产权合法；③管理行为合法；④管理方法合法；⑤管理制度合法。

2. 市场性特征

知识产权管理的市场性是指知识产权管理活动必须遵循市场经济规律，知识产权的转让、许可等交易活动必须符合价值规律，知识产权交易价格由创造该知识产权客体的社会必要劳动时间决定，并受市场供求关系影响的性质。知识产权制度是市场经济的产物，所以，知识产权管理活动应当遵循市场经济原则，以市场机制为导向，以市场效益为目标。与法律制度的相对稳定不同，市场是善变的。因此，有效的知识产权管理活动不但可以激励人们创造更多的创新成果，提高创新主体的竞争能力，而且有利于维护较好的市场竞争秩序，同时促进国家采取适度的知识产权保护制度，强化企业、高等院校、科研院所等组织对其知识产权的保护措施。

3. 动态性

知识产权管理的动态性是指知识产权管理活动应该随着市场环境、知识产权法律状态、知识产权制度、组织内部环境及具体管理制度的变化而变化的性质。动态性体现在四个方面：①知识产权管理的市场性特点，要求企业应当根据市场情况的变化对其知识产权管理做出相应的调整；②知识产权管理活动应该随知识产权的法律状态（如有效期限、权利的有效性等）的变化而变化；③知识产权管理活动应该随国家知识产权制度和政策的调整而变化；④知识产权管理活动应该随着组织内部环境及规章制度的变化而变化。

4. 国际性

知识产权制度是一种涉及双边或多边条约的国际化制度。不同国家的知识产权管理活动不仅具有一定的相似性，而且具有紧密的相关性。知识产权管理不仅涉及国内法，也涉及国际公约以及相关国家的法律。知识产权交易不仅涉及国内市场，也涉及国际市场。随着经济全球化的深入，知识产权管理国际化趋势越来越明显。

（二）知识产权管理的分类

知识产权管理是一种对知识产权工作的宏观调控和微观操作进行全面系统协调的活动。依据管理内容可将其分为知识产权工作的宏观调控和微观操作管理。宏观调控方面主要是指知识产权战略管理，具体包括国家知识产权战略管理、区域知识产权战略管理、行业知识产权战略管理和企业知识产权战略管理等。微观操作管理方面主要包括知识产权管理机构的设置、知识产权管理制度的制定、专利管理、著作权管理、商标管理、商业秘密管理、集成电路布图设计管理、地理标志管理及其他内容的管理。

依据管理主体来分，知识产权管理可分为六种类型：①政府行政部门的知识产权管理，即知识产权行政管理部门依据相关法律的授权对知识产权进行的接受申请、审查、授权、登记等管理活动；②企业知识产权管理，即企业根据自身条件和市场变化情况对其知识产权事务进行管理的相关活动；③事业单位知识产权管理，即高等院校、科研院所等事业单位根据自身特点和法律法规，参考市场需求对其知识产权进行管理的活动；④行业知识产权管理，即行业协会或组织依据自己的权力范围对知识产权进行相关管理的活动；⑤中介机构的知识产权管理，即知识产权中介机构依法对其从事的知识产权相关事务的管理活动；⑥个人知识产权管理，即个人对自己拥有的知识产权或者相关权利的管理，如作者对其精神权利的管理活动。

依据管理的客体，知识产权管理可以分为专利管理、商标管理、著作权管理和其他知识产权管理。

（三）知识产权管理的目标

知识产权管理的总体目标是：管理主体利用相关资源，依据知识产权相关制度，强化知识产权意识，完善知识产权法治环境，实现知识产权资源的优化配置，提高知识产权的制造、运用、保护能力，提升自主知识产权的水平和拥有量，促进创新型国家建设。

具体目标是：强化创新主体的知识产权意识，提高创新主体的知识产权产出效率和质量，提升创新主体的知识产权运用能力，提高创新主体的知识产权管理水平，完善知识产权管理组织或机构的规章制度，培养知识产权管理人才，奠定知识产权文化基础。

（四）知识产权管理的手段

知识产权管理的手段主要包括行政手段、法律手段和市场手段。知识产权管理的行政手段，主要是指知识产权行政管理机关开展知识产权申请的审查、授权、登记等活动时所采取的手段，也包括企业、高等院校、科研院所等机构依托自身内部的知识产权管理部门制定有关人员聘用、奖励或惩罚，以及知识产权的利用、保护等方面的管理制度，构建企业的知识产权管理体系，以保证其有效运作的手段。知识产权管理的法律手段，主要是指政府知识产权行政机构等运用知识产权的相关制度、政策来处理属于其职权范围内的知识产权事务的方式。知识产权管理的市场手段主要是指企业、高等院校、科研院所等知识产权经营或研究主体以市场为导向，以市场竞争为内容，以市场效益为目标，运用市场手段对其知识产权工作进行管理的方式。

当然，知识产权管理的行政手段、法律手段和市场手段并不是各自独立的，而是相辅相成的。

第二节　知识产权管理的模式与制度建设

一、知识产权管理模式

企业知识产权管理模式，主要介绍企业内部对知识产权管理的组织架构，以及基于某种组织架构而形成的独特管理方式。企业知识产权管理是一项高度专业化的工作，需要科学的组织架构、人力资源配置、制度建设等方面协同配合。一种适合企业发展的知识产权管理模式，有助于发挥知识产权在企业运营过程中的重要作用，并使企业最终受益。

实践中，企业知识产权管理模式主要有最高层直管模式、法务部门管理模式、研发部门管理模式、行政部门管理模式、专门公司管理模式。这些模式各有利弊，因此，不能简单地说哪种模式最好，只能根据企业自身状况或发展的不同阶段来确定。

（一）最高层直管模式

最高层直管模式，主要指企业知识产权事务由企业最高管理层（董事会或董事长）直接管理，有时也会在最高管理层领导下成立专门的知识产权管理部门，代替最高层行使管理权，向最高层汇报工作并负责。这种模式下，知识产权管理部门是一个独立的企业部门，由它来管理、协调其他部门之间的关系，完成知识产权管理工作。采用最高层直管模式的企业大多数是规模较大的外国企业，比如，IBM、佳能、东芝等。这些企业对知识产权管理工作非常重视，所以愿意成立单独的管理部门。

最高层直管模式的优点主要是，结构相对简单、层级少，有效地提高了上下级之间的沟通效率，能够及时处理相关事务。另外，由于知识产权部门隶属企业最高层，有利于最高层直接了解企业知识产权状况，及时做出决策，工作的执行效率较高。该模式的缺点主要是，知识产权部门不能贴近研发团队或设计团队，无法有效及时地获取企业发明创造的信息，在挖掘企业智力成果并进行快速保护方面会产生滞后。同时，由于单独成立知识产权管理部门，企业将额外支出更多成本。

（二）法务部门管理模式

部分企业将知识产权管理工作设置在法务部门下，由法务部来统筹、协调、管理企业知识产权事务。比如，我国的华为、腾讯等企业就采用这一模式。

法务部门管理模式的优点是，有利于对企业知识产权进行多角度、全方位的保护，特别是针对知识产权侵权等争议比较专业的法律团队。该模式的缺点是，由于知识产权管理岗位设置在法务部下面，所以，知识产权管理岗位的地位并不高，很难参与企业的重大决策，在从事知识产权事务管理时容易受到多重阻碍，执行效率不高，在进行知识产权侵权预警等工作时不易得到其他部门的配合。另外，由于法务部门脱离研发部门和设计部门，对最新成果的挖掘和保护敏感度不够，很容易错过保护的最佳时机。

法务部门管理模式也可以适用于企业，没有过多的成本来建立较为完备的知识产权管理部门。同时，企业的知识产权事务并不是特别多，所以，仅在法务部下面设置一至两个知识产权管理岗位人员即可满足要求。

（三）研发部门管理模式

有一些企业将知识产权管理部门，特别是专利管理部门，放在企业研发部门下面。由研发部门来主导企业知识产权管理工作。

研发部门管理模式的优点主要是，知识产权工作和研发工作相契合，熟悉企业研发工作，能够及时获取研发信息并快速提供决策服务，有利于企业对技术信息的利用，有利于结合自身技术领域和产品特性提供精准的保护方案。该模式的缺点主要是，对知识产权法律法规的理解不深入，在权利取得方面可能会存在瑕疵，综合运用知识产权的能力不足，在知识产权保护方面的工作能力可能存在欠缺。另外，由于没有独立的知识产权部门，所以，这种模式下，知识产权管理工作者在企业中的地位不高，也无法参与重大决策的制定。

（四）行政部门管理模式

行政部门管理模式主要存在于一些小企业或者对知识产权工作极不重视的企业中，企业的知识产权工作由行政部门管理，基本上是由行政岗位、财务岗位或人力资源岗位兼任。

行政部门管理模式的优点主要是，为企业节约了大量人力成本，无须专门设置知识产权管理部门或岗位。但该模式的缺点也非常明显，企业知识产权管理工作处于可有可无的状态，十分不利于对知识产权的创造、运用、管理和保护。从业人员缺乏基本的知识产权法律知识，无法有效保护好企业的智力成果。一般情况下，只有被动等待风险的发生，才会采取相应对策。类似这种情况，从企业成本考虑，可以不设置知识产权管理岗位，但建议聘请外部专业律师担任知识产权法律顾问，企业内部只需找一个人对接外部律师即可。

（五）设立专门公司管理模式

设立专门公司管理模式，是指企业专门设立知识产权管理公司，并将知识产权全部转让至该管理公司名下，由知识产权管理公司统一管理、运营知识产权事务，包括申请、转让、许可、维权等所有工作。该管理公司通过运营这些知识产权，收取授权金来维持自身发展。

设立专门的知识产权管理公司是最高层直管模式的变相形式，它实际上是将企业的知识产权管理部门独立出来，成为一个实体来专门负责和管理知识产权事务。因此，专门公司管理模式拥有最高层直管模式的所有优缺点。但成立专门知识产权管理公司是更加专业化的管理模式，对从业人员的专业素质要求更高。这种模式适合拥有较多知识产权的特大型企业，特别是对知识产权运营比较规范的跨国企业。采用这种集中管理的方式，有利于发挥知识产权的商业价值，而且能够比较直观地看到知识产权运营给企业带来的巨大收益。

当然，以上模式哪一种更适合企业，这需要企业根据自身的经济状况和发展状况来选择确定。但从知识产权管理工作的发展趋势来看，在最高层直管模式和设立专门公司管理模式中，由于知识产权管理团队的地位较高，受企业高层重视，故更有利于开展知识产权管理工作，也是现代化大型企业知识产权管理的先进模式。

二、知识产权管理制度建设

"知识产权的有效运用和高效管理对于企业发展来说具有重要意义，是企业提升市场竞争力的重要影响因素，也是企业未来发展的关键点。"[①] 企业知识产权管理制度，是指针对企业的性质、经营目标、市场策略、技术开发与国际、国内法律环境等因素，对企业的知识产权加以分析、评估、运用所建立的一套经营管理和法律保护制度。企业知识产权管理制度是企业从事知识产权管理的工作准则和具体操作规范，只有建立现代化的知识产权管理制度，企业才能有效开展知识产权管理工作，并将有效发挥知识产权在企业经营过程中的重要作用。企业知识产权管理制度按照知识产权的不同可以分为以下类型：

（一）专利管理制度

企业专利管理制度，主要是关于专利申请、管理、运用和保护方面的制度规范。它是企业开展专利管理工作的标准和依据。一般来说，企业专利管理制度主要包括以下内容：

第一，管理机构及人员设置，主要规定企业从事专利管理工作的机构名称、职能、权限、工作流程及机构人员数量、职位、岗位职责等内容。

第二，专利申请制度，主要规定企业专利挖掘、评估、申请、审核、授权等方面的工作流程制度。

第三，职务发明创造奖励和报酬制度，主要规定企业对职务发明创造的界定、权属、奖励、报酬、使用等方面的制度。

第四，专利维护制度，主要规定企业对已经授权的专利进行评估、筛选、放弃、维持有效等方面的工作流程制度。

第五，专利运用制度，主要规定企业在专利转让、专利许可使用等方面的评

---

① 法文玲. 企业知识产权管理的困境与出路［J］. 中国商界，2023（12）：205.

估、审核、签约、监督执行等方面的工作流程制度。

第六，专利保护制度，主要规定企业面对专利侵权行为进行调查、取证、投诉举报、海关备案、诉讼策略等方面的制度。

第七，责任和处罚制度，主要规定企业在专利管理过程中，针对违反专利管理制度的行为，要求相关人员承担责任或给予相应处罚措施的制度。

（二）商标管理制度

企业商标管理制度是为了规范企业商标管理工作，并建立从商标的申请、管理、运用到保护等一系列的操作规范。企业内部的商标管理是一项专业而严谨的工作，应建立健全企业内部商标管理的各项工作制度。一般来说，企业商标管理制度主要包括以下内容：

第一，企业商标管理部门及职责，主要规定企业商标管理的职能部门、权限、职责、工作流程及部门内部人员数量、职位、岗位职责等内容。

第二，商标申请制度，主要规定企业商标的设计、申请、异议、复审、无效等方面的工作流程及操作规范。这部分内容当然还涉及商标的申请策略、核定商品类别的选择方法等。

第三，商标维护制度，主要规定商标的档案管理、商标取舍、商标续展、商标使用等方面的工作流程。

第四，商标运用制度，主要规定企业商标在转让、许可使用等方面的评估、审核、签约、监督执行等方面的工作流程。

第五，商标保护制度，主要规定企业对仿冒商标、商标侵权等行为进行调查、取证、投诉举报、海关备案、诉讼策略等方面的制度。

第六，责任和处罚制度，主要规定企业在商标管理过程中，针对违反商标管理制度的行为，要求相关人员承担责任或给予相应处罚措施的制度。

（三）著作权管理制度

企业著作权管理制度是为了明确企业作品的创作、保护、使用和管理职责，规范作品的使用，保护企业无形资产，促进企业可持续发展战略的实施，鼓励员工创作的积极性，规范和加强著作权管理工作而制定的制度。企业著作权管理制度主要包括以下内容：

第一，著作权管理部门及职责，主要规定企业著作权管理的职能部门、工作权限、职责范围及人员构成、职位、岗位职责等，以确保著作权管理的顺利实施。

第二，作品类型及作品登记，主要规定企业著作权所涉及的作品类型和概念，并规定作品自愿登记的方法、步骤、审核程序等。

第三，作品归属及职务作品，主要规定在委托创作、合作创作等方面的作品著作权归属及职务作品的界定和权利归属情况。

第四，著作权档案管理，主要规定作品著作权档案建立、内容、借阅、保管、更新、销毁等方面的制度。

第五，著作权转让和许可使用，主要规定著作权转让、许可使用等方面的谈判、签约、审核、评估、协议履行等方面的制度。

第六，著作权保护制度，主要规定企业如何应对著作权侵权等方面的工作流程，以及如何通过行政和司法途径保护自身著作权。

第七，责任和处罚制度，主要规定企业在著作权管理过程中，针对违反著作权管理制度的行为，要求相关人员承担责任或给予相应处罚措施的制度。

（四）商业秘密管理制度

企业商业秘密管理制度，主要是帮助企业建立完善的商业秘密认定、管理、使用、保护等方面工作的制度。商业秘密管理制度的建立也可以被认为是企业对自身商业秘密采取合理保密措施的佐证，所以，企业有必要建立这项制度。企业商业秘密管理制度主要包括以下内容：

第一，商业秘密的概念和范围界定，主要规定商业秘密的概念、法律含义及企业内部商业秘密的组成、种类、范围界定等内容。

第二，商业秘密管理部门及职责，主要规定企业商业秘密管理的职能部门、工作权限、职责范围及人员构成、职位、岗位职责等，以确保商业秘密管理的顺利实施。

第三，保密措施，主要规定企业针对自身商业秘密所采取的保密措施，不同保密级别的商业秘密的保密规定。

第四，商业秘密档案管理，主要规定企业商业秘密的档案内容、建档要求、借阅、保管、更新、销毁等方面的内容。

第五，商业秘密转让和许可使用，主要规定企业商业秘密转让、许可使用方面的评估、谈判、签约、履行等方面的工作流程。

第六，商业秘密保护制度，主要规定企业商业秘密受到侵害时的调查、取证、投诉、诉讼、和解等方面的工作流程及操作规范。

第七，责任和处罚制度，主要规定企业在商业秘密管理过程中，针对违反商业秘密管理制度的行为，要求相关人员承担责任或给予相应处罚措施的制度。

（五）技术合同管理制度

企业技术合同管理制度，主要是企业为明确技术研究开发的职责，规范技术使用，保护企业无形资产，推动生产技术进步和技术合作，促进企业技术合同管理的规范化，提高企业市场竞争力而制定的一项制度。技术合同管理制度主要包括以下内容：

第一，技术合同管理的部门和职责，主要规定企业技术合同管理的部门、职责权限、业务范围及人员构成、职务、岗位职责等内容。

第二，技术合同的类型和概念，主要规定企业所涉及的各项技术合同的类型及概念，以便员工了解每一类技术合同的特点。

第三，技术合同订立，主要规定企业订立技术合同的工作流程和操作规范，特别是订立过程中的谈判、审批、签字、归档等方面的工作。

第四，技术合同履行监督，主要规定企业在履行技术合同过程中的注意事项、工作流程、监督机制等方面的内容，确保合同在可控范围内得到全面履行。

第五，违约应对机制，主要规定技术合同出现违约情形后的应对工作，包括但不限于证据固定、发函、沟通协调、补签协议、中止履行、解除合同等方面的操作规范。

第六，责任和处罚制度，主要规定企业在技术合同管理过程中，针对违反技术合同管理制度的行为，要求相关人员承担责任或给予相应处罚措施的制度。

（六）反不正当竞争管理制度

企业反不正当竞争管理制度，主要是为帮助企业认识常见的不正当竞争行为，加强对不正当竞争行为的管控，以及应对他人的不正当竞争侵害所制定的一项制度。企业单独建立反不正当竞争管理制度的情况还比较少见，但笔者认为，基于目前不正当竞争纠纷的频发，企业有必要在这方面加强管理。企业反不正当竞争管理制度主要由以下方面内容组成：

第一，不正当竞争行为的界定，主要是企业根据相关规定，来界定常见的不正当竞争行为的共同特点，以便明确不正当竞争行为的内涵。

第二，不正当竞争行为的种类，主要是详细规定常见的不正当竞争行为的类型，每一种不正当竞争行为的概念、表现形式和法律构成。

第三，预防措施，主要规定企业预防每一类不正当竞争行为发生的有效措施，包括预警机制、审核机制、发布机制、实施规范、反馈机制、举报机制等，该部分内容的目的是让企业尽早发现自身存在的不正当竞争行为，并妥善处理，以减少该行为给企业带来的损失。

第四，应对措施，主要规定企业在面对他人的不正当竞争行为侵害时的应对措施，包括调查、取证、投诉、举报、诉讼等方面的工作流程和操作规范。

第五，责任和处罚制度，主要规定企业在实施反不正当竞争管理过程中，针对违反该制度的行为，要求相关人员承担责任或给予相应处罚措施的制度。

第三节　企业知识产权法律风险及其原因

企业在运营过程中，面临着各种法律风险，其中，知识产权法律风险是一项极为重要的方面。高新技术企业是在科技领域取得创新成果并将其应用于生产经营中的企业。在这一领域，企业知识产权显得尤为重要，因为创新和技术领先往往是企业竞争的核心。然而，高新技术企业在知识产权方面也面临着一系列的法律风险，这些风险可能来自多个方面。此处以高新技术企业为例，对企业知识产权法律风险及其原因进行详细的论述，以期为企业制定合理的知识产权保护策略提供参考。

一、企业知识产权的法律风险

（一）开发保护意识不强导致的法律风险

高新技术企业的培育对象大多是成立不久的科技型企业，大部分企业的员工数并不多，有专门法务人员的很少，自我保护意识不强，导致在知识产权自主开发过程中存在较多法律风险。

企业要获得知识产权授权，购买和自主开发申请是最主要的方式。知识产权自主开发，是指企业根据自身的发展需要，在科学研究、技术开发、工作创新等过程中，对已经获得的成果形成企业的知识产权的过程。当今竞争激烈的市场经济中，技术研发和创新不仅要投入大量的资金，而且还得承担极大的技术风险和市场风险。对于有条件的企业来说，根据自己的产品进行相关知识产权的自主开发是最有利于高新技术企业认定的，知识产权与产品密切相关，在认定中将能获得高分。

技术的研发和创新是企业发展的关键，尤其是对于高新技术企业来说，必须不断改进和创新，以保持其产品质量和性能的持续提升。在我国，企业技术研发活动在高新技术企业中占据重要地位，也伴随着较大的知识产权开发风险。知识产权的申报周期较长，一般会经历研发、申请、授权等阶段，申请发明专利更是从申请受理、初审，到公布、实审，到最后的授权，前后需将近三年时间。在知识产权漫长的开发过程中，因为涉及的方方面面情况较多，如职务发明、委托开发、合同开发等，企业在对这些环节的处理上如果法律保护意识不强，都可能导致法律风险。

企业知识产权开发保护意识不强导致的法律风险的表现主要在以下三个方面：

第一，企业在进行新的知识产权开发时，可能因为对于相关技术信息的检索不够，在科研项目开始甚至进行时也没有发现，造成与他人重复开发，自己研究出来的成果因为侵权而无法使用；或者在研发成果出来后，没有按照事先制定的工作流程做好知识产权保护和管理，导致成果泄露，被对方企业抄袭或者抢先申请相关的知识产权保护，致使自己不能直接使用。

第二，在进行知识产权开发前，没有做好利益分配，知识产权归属混乱，职务发明创造归属不清等，将开发的知识产权权属给了直接开发的技术人员，或者归属到企业法定代表人，后期申请高新技术企业认定时需企业是权属人，造成各知识产权人发生归属纠纷。

第三，委托他人进行知识产权相关产品的制造时，没有事先约定归属、没有明确对知识产权的使用限制、保密措施没有达成协议等造成纠纷；企业内部没有做好保密建设和使用保护，造成知识产权流失风险。

另外，随着网络信息时代的来临，人们在快捷便利地获取网络信息的同时，在知识产权开发前，企业往往很重视做好各项调研准备，但仍可能很容易就侵犯到他人或被他人侵犯知识产权。因此，知识产权相关的基础性法律也亟须与时俱进，及时消除滞后性，切实为知识产权保护提供一个有法可依的良好法律环境。

（二）转让约定不完善导致的法律风险

知识产权转移约定不完善是指当双方当事人在知识产权转移、授权利用等协议中因为对相关条款的约定不够完善而导致发生法律纠纷。科技型企业在培育过程中，可能因自身条件限制，目前尚未拥有相关知识产权，自主开发的时间安排上不能满足要求，企业不进行自主开发申请知识产权而又迫切想申报高新技术企业认定，为了尽快达到高新技术企业认定标准获得参评资格，常常采用协议购买其他企业或个人的知识产权的方式。企业在购买知识产权时，应该特别注意：①确保该知识产权具有有效性，并且技术水平较高，尽量不要仅仅是外观专利；②确保该知识产权与科研立项有关联，最好是某项科研立项的成果；③确保该发明专利可以在具体产品中得到反映，并且可以带来较高的销售额。但在实际购买其他企业或个人知识产权的过程中，可能因为约定条款不够完善，产生各种转让纠纷。

企业的知识产权转让约定不完善导致法律风险常常表现为在约定协议中，知识产权的权属不清晰、有效期不明确、授权边界未界定、经济补偿条款不明确等，导致法律风险的出现。

第一，知识产权权属不清晰。在知识产权转让协议中，若未明确知识产权的权属归属，可能导致纠纷和争议的发生。例如，未清晰规定哪些具体的知识产权属于转让范围，以及是否包括相关的技术、商业秘密等。这种不明确性可能在日后引发法律纠纷，对企业造成不可忽视的损害。

第二，知识产权有效期不明确。知识产权的有效期限是其价值的重要组成部分。若在协议中未清晰规定知识产权的有效期，可能导致转让方在合同履行后继续享有权益，或在某些情况下失去合法使用的权利，从而引发法律争议。

第三，授权边界未界定。在知识产权转让协议中，未明确规定被转让方的使用范围和权利，可能导致被转让方在实际使用中存在不确定性，甚至违反了原有协议。

第四，经济补偿条款不明确。在知识产权转让中，经济补偿是一个重要的方面。若在协议中未明确规定经济补偿的方式、标准和支付时间等细节，可能导致纠纷的发生，影响合同的执行。

（三）融资价值不确定导致的法律风险

中小型科技企业规模小、成立时间短，其核心资产大多是所拥有的各类知识产权，固定资产一般不多。从企业成长角度看，这类企业处于起步阶段，各项研发、经营活动要运转开来，都需要持续的资金支撑，其资金缺口往往较大。在开发和应用最前沿技术时，需要大量持续的资金投入来支持创新过程，但是由于研发活动周期较长，资金短期难以收回，而且预期结果不确定，使得投资风险极高。另外，高新技术企业的认定标准要求近三个会计年度内投入的技术开发支出必须占同期收入的比率达到规定的水平。这些费用投入对企业而言无疑是巨大的资金压力。因此，企业普遍对资金的需求较大，亟须资金投入。但是，这些企业一般都拥有较多具有较高价值的知识产权，它们是企业的重点核心资产。相当部分的企业都会选择知识产权质押融资的方式，解决其融资瓶颈问题，这不仅能最大限度实现知识产权的价值，同时又能有效解决企业融资难、短期内资金短缺的问题。

对高新技术企业来说，其已经获得国家认定，有相对较好的信誉背书，其融资之路会相对轻松。最关键的问题是，知识产权作为质押物具有特殊性，与固定资产不同，因其价值的不确定性，甚至知识产权的权属变化导致质押资产的价值完全丧失，这导致在质押融资过程中产生很多法律风险。可见，知识产权质押融资在实际操作中仍然存在许多挑战。

目前，科技型企业融资对象大都是银行，而银行更愿意接受企业用固定资产抵押的方式进行放贷。科技型企业使用知识产权做质押的新型融资方式，同传统的利用固定资产抵押贷款的方式不同，因为知识产权的价值相对于固定资产而言相当不确定，会带来融资方面的法律风险，主要表现在以下两个方面：

1. 知识产权的价值评估不准确

知识产权资产是一种无形资产，在质押时，先要对知识产权进行合理准确的估值。估值的准确与否关系到知识产权所能获得的融资数量，并为金融机构的风险管控提供可靠依据。然而，目前我国知识产权质押业务仍处于发展萌芽期，银行对于这项业务的操作仍然相当不熟练。不同行业、不同领域的知识产权价值差别较大，评估手段也不一样，专业性较强，需要掌握特定知识和能力的人员或机构完成，这就导致当前金融机构普遍无法独立评估和判断知识产权资产的价值。而且，质押中的知识产权资产的实际价值可能由于外部环境的变化（如新技术的出现等）导致价值产生重大波动甚至变得一文不值。除此之外，由于缺乏必要的实施细则和量化标准，无形资产评估在实践中面临着复杂多变的知识产权价值评估问题，这一问题需要得到解决。

2. 知识产权的权属变化导致价值丧失

知识产权的权属可能会随着外部环境的变化而发生变化，尤其是当企业取得知识产权后，如果出现他人提出异议而被宣告无效，那么这项处于质押期的知识产权就会失去质押担保价值。对所有受理了知识产权质押业务的金融机构来说，此风险将会长期伴随，进行质押的科技型企业不可能保证其知识产权未来绝对不会被他人提出异议而失去所有权。我国的知识产权法律尚须完善，权利人的确认方面存在不足。

（四）中介服务不规范导致的法律风险

随着高新技术企业培育与认定工作的推进，科技中介服务行业也逐渐发展起来，催生了大量的科技中介服务机构，他们给企业或提供知识产权代理服务，或提供高新技术企业认定技术咨询服务，或为企业提供审计报告，或提供以上多项科技服务等。

在实际操作中，科技型企业有的会分别和各类型的科技中介服务机构签订服务协议，有的因对高新技术企业认定工作没有经验，加之事务繁忙无暇顾及高新技术企业培育认定的具体工作，往往会委托某科技中介服务机构具体操办所有相关工作，如知识产权代理、联系审计机构出具专项审计报告、制作高新技术企业培育库入库和高新技术企业认定申报材料等工作，甚至有的企业会将高新技术企业申报认定的网络系统账号和密码都交给科技中介服务机构，由其全程一手包办。科技中介服务机构提出需要什么材料，企业就提供什么材料。在中介服务协议中一般都有规定企业通过高新技术企业认定后，科技中介服务机构将会获得多少服务费用，如果企业未通过认定，其获得的报酬与通过认定相比大打折扣，有的甚至一点服务报酬都没有。

知识产权在高新技术企业认定中占据了60%的分值，在整个申报材料中起着重要作用，在企业研发活动、科技成果转化、上年度高新技术产品（服务）情况表等都要求知识产权的支持。在目前知识产权的申请过程中，国家知识产权局实施知识产权代理行业的"蓝天"专项整治行动，申请不规范将直接被撤回。

在这种情况下，科技中介服务机构为了获得更多的服务费，将可能为企业申请和实际生产经营活动不相关的知识产权，并为企业进行虚假包装。

近年来，科技中介服务行业发展迅速，大量的科技中介服务机构注册成立，这些科技中介服务机构的发展并不平衡，部分机构专业水平不高，或者其从业人员专业素质低下，对知识产权相关知识并不熟悉，甚至对高新技术企业培育入库或高新技术企业认定等工作的要求都没有掌握，导致在给企业提供服务时出现各种法律风险。另外，有些中介机构专业水平没有问题，他们长期从事高新技术企业培育认定相关服务工作，熟悉相关知识、认定标准及操作流程，但在利益驱动下抛弃职业道德和原则，在明知企业培育仍不成熟，不符合高新技术企业认定标准的情况下，仍与企业签订服务协议。他们利用行业优势，出具与事实不符的申请材料或报告，帮助企业在认定评审中蒙混过关获得高新技术企业资格。

目前，已出现很多科技中介服务机构或者其工作人员深度参与高新技术企业认定材料造假事件。在金钱驱使下，部分科技中介服务机构不惜铤而走险，在申报材料上进行包装甚至虚构。其中，伪造的重灾区就在采用自主研发、受让、受赠、收购等手段取得对产品（服务）在技术上起到核心支持作用的知识产权这方面。从材料的装订、提交到主管部门审核等每一个环节，这些科技中介服务机构都会操作好，甚至联系公关会计师事务所出具虚假审计报告都能代劳，完全不用企业操心，最终帮助企业获评高新技术企业。

科技中介服务机构赚取高额服务费的同时，不规范的服务给企业造成重大的法律风险隐患，这种现象着实令人担忧。目前，对科技中介服务机构的管理制度尚不完善，不少科技中介服务机构的服务质量堪忧，服务水平低下，甚至出现违法违规现象，迫切需要政府层面加强引导与监管。

二、企业知识产权法律风险的产生原因

（一）企业缺乏知识产权管理和保护的意识

企业通常重视有形资产的管理和保护，而可能忽略了无形资产的保护。实际上，知识产权保护是科技型企业发展的重要因素，如果不重视，企业就无法利用好这些无形资产去发挥重要的价值，也就无法为企业带来利益。由于没有足够的知识产权意识，许多技术创新成果无法及时产权化。企业缺少知识产权管理意识，尤其是战略管理意识，导致企业在知识产权管理方面面临许多挑战。

（二）知识产权法律制度不完善

科技型企业具有较大的知识产权融资需求，但我国并没有这方面的相关法律。不少企业提到知识产权质押融资方面的法律制度体系不健全，导致其在质押融资过程中步履维艰，风险不断。目前，我国在知识产权融资方面的操作模式仍在探索发展过程中，仍须创新思路，形成较成熟的运作模式。我国当前知识产权登记流程仍有待简化，复杂的流程耗时较长，且融资的资金不能及时到达企业账户，导致部分科技型企业不得不充分考虑它们的风险，对其望而却步，不愿意积极参与这种金融创新。

知识产权的价值评估是知识产权实现融资的前提，但目前仍缺乏完善的评价标准和操作规范，相关评估机构的发展尚不成熟，使得知识产权价值评估变得极其困难。知识产权质押融资的独特性也使得这一领域的处理变得更加复杂，需要

具有系统性的知识和丰富经验的专业中介机构提供精准的服务。此外，在进行评估的过程中，对于某些细节的不同处理方式可能会使评估结果大相径庭。所以，亟须成立一批权威且专业的评估机构开展知识产权价值评估工作。

随着企业自主创新能力的日益提升，对知识产权的保护意识也会越来越强，他们会选择申请各种专利。因知识产权具有较强的技术及法律属性，权利人在处理争议时必须倾注巨大的时间和资金，使得维护成本逐年增加。如果能够在法律制度层面规范流程，帮助企业降低相关风险，将会为企业的发展带来巨大的帮助。

（三）中介机构服务水平参差不齐

政府在支持和推动科技中介服务机构的发展上存在一定的滞后性，对科技中介服务机构监管不够，特别是对科技中介服务机构进行知识产权中介行为缺乏必要的监督。这导致知识产权服务乱象屡禁不止，严重侵害了企业的权益，影响了经济社会的正常发展。另外，中介服务机构重视材料制作，而在帮助企业规划知识产权方面做得不够。大部分中介服务机构与企业签订了高新技术企业认定技术咨询类合同后，工作重点主要是集中在帮助企业制作申报高新技术企业认定的材料上，服务仅仅浮于面上，企业知识产权方面有欠缺，只是简单地告知企业要自主研发或者购买知识产权，并不能根据企业发展的实际，结合行业发展现状，切切实实地提前做好知识产权发展规划，这种深层次方面的指导工作有待加强。甚至少数中介服务机构为了拿到更多的服务报酬，铤而走险地帮助企业制作虚假的知识产权材料，从而达到获得高新技术企业认定的目的。

第四节　企业知识产权法律风险的防范措施

一、完善知识产权制度

（一）完善知识产权基本法律

我国现行的知识产权保护法律存在一些模糊性和不确定性，这使得它们在实际应用中容易引发争议，因此，有必要对这些条文进行进一步的完善，以确保它们的适用范围更加精确，避免滥用。随着我国经济社会的发展，知识产权纠纷也在不断增多，因此，以往制定的法律条款中存在一些较宽泛的问题，有必要进行修改完善，以减少知识产权纠纷发生的可能性。此外，完善有效的法律条款也有助于提升司法机关的效率，使得知识产权保护变得更加容易，更好操作，不再像以前那样复杂难懂。

要深入开展知识产权基础性法律研究工作，持续统筹推进知识产权相关法律法规修改完善，实现知识产权领域治理体系和治理能力的现代化，最终建设成为知识产权强国。

鉴于2021年开始施行的《中华人民共和国民法典》（以下简称《民法典》）并未将知识产权纳入成编，知识产权法单独成"典"也不无可能。成"典"之前，须持续推进完成专利法实施细则修改工作，在完善专利审查制度、加强专利保护、加强与国际规则对接等方面予以规则细化，保障专利法规定的各项制度有效实施。推动反不正当竞争法、反垄断法、科学技术进步法、促进科技成果转化法、电子商务法等有关知识产权条款的完善，共同促进我国经济和社会发展进步。另外，也有必要完善知识产权保险相关法律法规。

虽然知识产权受到侵犯时能够通过司法渠道进行维权，但仍然存在巨大的风险，除了经济上的压力外，还有可能败诉，甚至胜诉后无法执行。这对于仍处于发展初期的企业来说，可能最终不得不放弃权利保护。为让权利人在知识产权诉讼中免受不必要的损失，给知识产权权利人完善的救济途径，并有效降低知识产权保护的法律风险，更好地维护企业的正当权益，构建知识产权保险制度势在必行。

（二）推进知识产权金融立法

企业在目前的知识产权质押融资过程中，面临各种风险，这些风险严重影响了知识产权的质押效果，并对企业的正常经营产生了影响，阻碍了企业发展。为了更好地支持企业的发展，促进创新资源的有效循环，推动知识产权金融的发展，有必要配套制定相关的法律法规，以便更好地促进知识产权金融的发展。

第一，推进知识产权金融领域专有立法，构建知识产权金融法律制度。目前,《民法典》中有关于专利权质押方面的原则性规定,但由于缺乏专门的立法,专利权质押主要参照《民法典》中的动产质押的规定,无法有效地解决实践中遇到的问题。随着知识产权工作的深入推进,除知识产权的质押融资外,其证券化、保险、信托等新的金融形式也呈现较好的发展势头,知识产权金融领域的立法工作应将其纳入考虑范围。

第二,加强对现行法律法规的修订和完善。为了更好地保护知识产权,我们要加强法律法规之间的统一和协调。对一些法律法规加以修订,以顺应当前知识产权融资的趋势。目前,专利、著作权、商标等多种知识产权混合质押是新趋势,但这三者的操作规范分别由不同部门制定,金融活动由不同机构监管,需要加强立法协调,形成统一规则。

目前,我国已经形成大力发展知识产权融资的氛围,金融机构也推出各类知识产权金融产品,知识产权融资规模不断扩大,融资金额也正在逐步增加。为打通知识产权质押融资的"最后一公里",应完善知识产权价值评估体系,培育专业化的知识产权评估机构;要整顿评估市场秩序,统一评估标准、操作规范,运用科学评估方法精准判断知识产权资产的价值;要建立全国统一的质押融资平台,简化质押登记程序,降低融资成本,提高融资效率;建设知识产权评估数据平台,推进建设信息共享机制。要完善政策环境和市场环境,做好知识产权质押融资基础环境建设,不断扩大知识产权质押贷款规模,提升金融机构对科技型企业的服务水平。

(三) 健全知识产权纠纷多元化解决机制

知识产权保护工作要加强对知识产权的严格保护,加快维护进程,建立健全知识产权保护工作的管理机制,加强行政执法、司法保护、公证、诉讼、协调等机构的工作,建立健全社区共治格局,提高知识产权保护工作的效率和水平。《知识产权强国建设纲要(2021—2035年)》提出建设支撑国际一流营商环境的知识产权保护体系,要建立公正高效、管辖科学、权界清晰、系统完备的司法保护体制,要健全高效、公正、公开的行政保护体系,最终形成统一领导、衔接顺畅、快速高效的协同保护格局。

随着国家改革开放的不断深入,创新创业活动日益活跃,知识产权纠纷数量也在不断上升。为了有效地解决知识产权纠纷，必须加强知识产权保护，加快知识产权的运用和转化，以便以快速、有效、低成本的方式解决问题。通过对我国知识产权纠纷调解机制的深入分析，可以发现存在的不足，并为改进提供有力的理论支撑。因此，应该加强对知识产权仲裁调解机制的建设，完善相关规范，加强对调解机构的培养，构建多方参与的调解和仲裁体系，以期发挥知识产权仲裁调解在促进形成严格保护、大力保护、快速保护和协同保护的工作格局中的重要作用。通过引入技术咨询专家、运营专家和无形资产评估专家等多方面的专业人士，构建多元化的纠纷解决机制，并积极发展社会第三方机构参与调解，以期达到更好的纠纷解决效果。

二、加强监督执法，减少侵权现象

（一）完善政府的知识产权监管机制

近年来，知识产权保护的作用日渐凸显，但一些以牟取不正当利益的不法行为不断出现，也越来越受到关注。随着社会经济的发展，不断出现新技术、新领域、新业态，知识产权侵权行为也变得越来越复杂，形式也越来越多样化，知识产权保障任务艰巨，完善监管执法体系的重要性日益凸显。

第一，加强重点领域的整治。在平时监管的基础上，坚持专项治理。以保障人民群众人身和财产安全、优化市场环境为目的，对知识产权领域的突出问题进行重点整治，坚决打击侵权违法犯罪行为，确保经济社会公正和谐。结合线上线下综合治理，深入挖掘知识产权违法犯罪活动的各相关方，彻底清除违法源头，维护公平竞争的市场秩序。

第二，各政府部门间加强协作。为了更有效地打击侵权行为，充分发挥各部门的优势，加强执法监管和行业管理的信息共享，各方面相互支持，以获得更好的打击效果。针对重要的知识产权侵权案件线索，进行联合执法，并明晰监管职责，堵住监管漏洞，进一步提高执法效能。

另外，加强行政执法与刑事司法的密切衔接。构建良好完善的情报共享制度，实施案情通告和案件移送管理制度，适时高效移交，实现行政管理综合执法与刑事案件裁判的高效相衔接。

（二）建立对企业科技诚信的监管制度

近年来，我国科研工作的信用体系建设获得了显著成效，但仍存在一些不足，如机制不完备、管理制度标准不齐全、教育引导不够有效、监督惩戒不力等，这些问题影响了科学研究的发展，破坏科研工作信用的现象也可能出现，这将导致相关法律风险。为了推动科学研究方面的信用管理工作，建立良好的科研创新环境，应规定科研诚信建设工作的职能划分、信用记录与监督管理、激励与惩戒等，以有效地防范和解决科研诚信问题，加速推动各地的科研诚信发展，实现科研诚信工作的高效发展。科研诚信监管的制度保障为技术创新的相关责任主体提供了有力的支持，进一步加强和完善了国家科研诚信方面的制度建设。

今后，要切实落实各项科研诚信管理制度，推动科研诚信管理专业化、常态化。通过实施科技诚信制度，可以更加有效地管理知识产权研发工作，有效地防止企业在知识产权方面的欺诈行为，并且可以防止企业在高新技术企业认定申报中蒙混过关，甚至可以将企业的信用状况作为科技项目申报、质押融资等的重要参考指标，进而限制在科研诚信黑名单中或评分很低的企业申报科技项目，降低其贷款授信额度等。通过建立在信用基础上的监控机制，可以有效配置和使用监管资源，进而提高监管效率，降低法律风险发生率。

（三）加强对科技中介服务机构的监管

科技中介服务机构是推进高新技术企业培育和认定的重要辅助力量，但目前由于科技中介服务行业发展时间不长，尚未建立各项工作规范，服务质量参差不齐。部分机构缺乏对企业的深入了解，材料制作过程中大量仿照其他企业，生搬硬套地形成申报材料；另外，许多高新技术类企业通过朋友推荐等方法寻找科技中介服务机构，不能保证该机构的专业性和责任感。部分中介服务机构欠缺相关专业背景，其工作人员对企业研发项目的专门知识掌握甚少，所做的申报材料或评审报告错漏百出，极大地影响了企业培育效果。

政府应该加强对科技中介服务机构的准入、监管和惩罚管理，以确保各项中介服务符合相关服务规范，建立和发展从事知识产权保护等咨询服务的机构，以提升高新技术企业培育认定工作的质量。应该加强对科技中介服务机构的管理，进行全面的监管辅导，在研发投入、成果转化、人才队伍、项目管理、知识产权等方面不断提升监管辅导质量。通过不断深化监管措施，如实施"黑名单"管理等，加强对科技中介服务的全过程监管，增强惩戒力度，努力培养出一支具有高质量服务水平的科技中介服务机构队伍。

近年来，为了更好地管理科技中介服务机构，规范服务活动，提升服务质量，促进科技中介服务行业的发展，营建良好的科技创新环境，各地政府纷纷出台了针对科技中介服务机构的管理办法或入库管理办法，以更好地规范科技中介服务机构的服务行为。

当前，高新技术企业培育工作正处在迈向高质量发展的关键期，各类中介机构、服务机构要与企业相互扶持、共同发展。为了更好地监督管理科技中介服务机构，政府管理部门应该继续完善准入机制，加强职业操守培训，完善监督机制，规范科技中介服务机构的运行，并实施科技中介服务机构的名录管理工作，严格执行名录清单的准入与退出机制，这将大大减少中介机构服务不规范问题，减少法律风险发展可能，为我国企业培育工作做出更大的贡献。

三、健全知识产权管理运行机制，提升法律素养

在高新技术企业认定过程中，知识产权部分专利权人比发明人更重要，申报企业提交的知识产权的权属人必须是企业，而企业内部员工或者法人等个人所有的知识产权则不能作为申报材料提交。要确保专利权人是申报企业所有，否则应转让授权给企业才有效。这种最基本的知识产权要求很多企业可能都没有规划好，可见提升企业知识产权法律素养的必要性。要充分提升知识产权法律素养，不仅要重视知识产权相关工作，更要对知识产权工作有明确的管理措施。

知识产权管理是企业为规范知识产权工作，充分利用知识产权法律制度的规定，从法律、经济和科技的角度，制订出有效的知识产权的开发、保护和运营计划，以确保企业的知识产权工作实现可持续发展。

（一）建立知识产权管理机制

作为一个具有技术性、创新性和风险性的多维度系统工程，高新技术类企业的知识产权是其核心价值和持续发展的基础，它不仅贯穿于企业的所有阶段，而

且还为企业发展提供了强大的支撑。因此，首要任务是建立并完善各项管理机制，使各项工作形成合力。

第一，完善机构设置，提供组织保障。为了有效减少知识产权问题带来的损失，企业管理者应该重视知识产权工作，要想在企业形成良好的知识产权保护氛围甚至文化，企业管理者应带头重视，提升知识产权保护意识。而知识产权保护意识要落地，建立一个专门的知识产权管理机构必不可少，此管理机构应当成为企业的组成部分。从长期来看，这一机构的建设应该贯彻于企业发展的整体过程，而不能仅仅局限于企业发展壮大以后。

第二，加强制度建设，提供制度保障。完备的规章制度是企业知识产权管理取得成功的关键。因此，要想让知识产权管理工作有序进行，就必须建立与知识产权工作相关的规章制度，厘清各项具体工作的责任，还要制定具体的知识产权工作指南，明晰工作流程，以确保知识产权工作的高效实施。同时，还要与企业其他部门构建有效的沟通机制，强化部门间的相互协同配合。此外，制定一套合理的知识产权工作激励机制也是必不可少的。

第三，完善人员配置，提供人力保障。要重视知识产权人才的培育。开展知识产权管理工作需要建立一个专业的团队，要培养和吸收具有法律和管理知识的人才，以提高新技术企业的软实力。知识产权管理涉及多个领域，需要相关人员具有丰富的知识和能力，最好有法律、经济和技术方面的知识背景。有了得力的人才，才能确保企业的知识产权的开发、保护和运营工作顺利进行。

（二）加强对知识产权的运营

1. 科学布局知识产权业务

（1）企业的知识产权要与核心业务紧密相关。企业应该转变思路，将专利与企业的业务发展紧密结合起来。知识产权管理是企业的一项重要任务，尤其是对企业来说，知识产权管理工作尤为重要。这就要求企业深入研究本企业及其所属行业的技术和市场，以确保本企业的核心业务具有独特性，能在市场中占有一席之地。在此核心业务基础上发展而来的知识产权将为企业牢牢树立竞争优势。

在自主申请知识产权时，应当特别注意要申请知识产权的科技成果与其转化之间的关联性，将这些成果转化为具体的新产品。在申报材料中，知识产权材料须与转化成功的产品相匹配，以证明转化的成功。企业可以将多个知识产权转化为一个产品，这是因为它们已经在科研领域取得了多项成果，可以应用于单一产品上。但当一项知识产权被转化为多个产品时，由于只有一项成果实现了产品落地，只能算作一次转化。

（2）针对高新技术企业认定标准，提前布局知识产权发展规划。企业在决定申报高新技术企业初期，就应该仔细研究高新技术企业认定标准，并制订有针对性的知识产权开发计划，预判哪些技术成果能获Ⅰ类授权，哪些技术成果能获Ⅱ类授权，以及如何缩短授权周期，以便更好地实现高新技术企业认定的目标。根据企业研发项目的进度，合理布置知识产权每年的申请，合理安排申请知识产权各具体工作的时间节点。另外，集中大批量地申请知识产权，也可能被国家知识产权局认定为恶意申请，往往会被驳回，这不仅影响申报进度，还有损企业形象。在获得知识产权授权后，应该积极进行维护，尤其是Ⅰ类知识产权，高新技术企业资格三年的滚动期满后，重新认定高新技术企业时可以再次申报使用。对于非自主研发申报的Ⅱ类知识产权，还应该仔细检查是否被其他企业在申请高新技术企业认定时提交过，以确保知识产权的有效利用，避免重复使用。

（3）在高新技术企业认定中知识产权部分得高分。

第一，申请高新技术企业时知识产权要拿到高分最好是有发明专利，发明专利和主营产品及业务核心关联度最高。发明专利越多，质量越高，越容易得高分。发明专利的授权周期通常需要两年甚至更长时间，因此，要提早规划发明专利。如发明专利获取有困难，建议就产品的结构、外观、包装及其研发生产设备等方面，申报更多的实用新型和外观设计发明专利，以保证申报高新技术企业认定的知识产权数量。因实用新型专利时间跨度也较长，应提前做好准备。

第二，要重视知识产权的核心程度和类别。那些只重视知识产权数量的企业申请高新技术企业认定往往以失败告终，多是因为盲目申报了大量与核心技术不相干的知识产权，与业务核心技术和主营产品不匹配。

第三，要注意专利的获得时间，申报企业使用的知识产权需是近三年内获得的。为了获取并维护发明专利，必须注意在发明专利有效期内向知识产权局交纳年费，以防止因忘记缴费而造成专利失效。

2. 建立知识产权防火墙，加大保护力度

保护知识产权是实现其价值的基础，也是提升企业竞争力的关键。如果不重视知识产权保护，那么它的价值将无法体现。因此，企业应该将知识产权保护视为管理的重要组成部分，构建完整的风险管理制度，以高效维护企业的权益，并尽量避免侵犯他人权益。企业应该设立内部知识产权档案，定期进行监督，及早预防、发现侵权行为，采取措施维护企业的权益，形成一道知识产权防火墙。此外，企业还应该制订战略规划，通过拓展上下游技术等手段，限制竞争者的"模仿"。为了切实防止新技术研发过程中可能出现的知识产权纠纷，企业应当提前制定有效的风险规避、风险转移和损失控制措施，做好完备的风险预防和应急预案，以最大限度地降低风险及损失。

3. 进行产权价值评估，增强运营能力

知识产权是企业的重要资产，对科技型企业更是如此，它的价值取决于如何有效地运用它。如果运用得当，它会为企业带来巨大的效益。因此，科技型企业应该加强知识产权的运营，重视知识产权的资产化、市场化和产业化，以实现经济效益。企业应该针对自己的知识产权类别开展不同的运营方式，以实现各类知识产权的利益最大化。同时，应该加强与各类科技中介服务机构的合作，灵活运用其资源，开拓新的知识产权运营途径。

四、建立知识产权服务体系，帮助企业规避风险

（一）强化政府的知识产权激励与服务

1. 提供知识产权公共服务

知识产权公共服务是促进知识产权高质量发展和科技创新的重要基础，在知识产权全流程生命周期充分发挥着重要的地位。随着科技的发展，我国已建有多家国家级知识产权保护中心和快速维权中心，这些服务中心通过协调联动的方式，做到了快速预审、快速确权和快速维权，有效地解决了知识产权维权的举证难、周期长、成本高等难题，为公众提供了更为快捷、高效率、低成本的维权途径。未来，我国仍须不断改进服务体系，规范分级分类管理机制，提供更加多样

化的公共服务产品，形成各类知识产权公众服务标准。

要推动构建以政府为主体、社会力量积极参与的知识产权公共服务体系。由于我国知识产权公共服务仍处于快速发展阶段，在加强机构建设、优化运行机制、加强基础设施智能化建设、优化服务资源、健全标准规范等方面，政府需要发挥关键核心作用。各级政府要明确任务目标，制定公共服务事项清单和标准，鼓励社会力量进入公共服务领域，促进知识产权公共服务整体能力提升，形成多主体、多层级的知识产权公共服务体系。

2. 提供知识产权激励措施

（1）强化专利奖励制度。随着经济社会的发展和科学技术水平的提高，全国的知识资源也取得了长足的进展。我国已经成为名副其实的知识产权大国，而之所以能取得如此好的成绩，与我国设立的一系列关于知识产权的制度有关，其中，专利奖励制度对激发人们的创新热情起到了较大的促进作用。任何单位或组织都应当对已取得授权专利的发明人/设计人予以相应的奖励。此外，政府知识产权管理部门也会对授权的专利进行奖励。今后，要继续加强对授权专利奖励，持续鼓励创新，促进创新。

（2）推行科技创新券政策。科技创新券是政府部门为科技型企业和创新创业团队设计的一种全新的普惠性服务政策，是利用财政资金支持科技型企业和创新创业团队向科技中介机构购买科技服务而发放的配额凭证。政府发放的科技创新券旨在帮助科技型企业和创新创业团队降低研发成本，鼓励其充分利用高等院校、科研院所或者其他创新机构的各种资源，加强研发活动，以推动自主科技创新，实现创新成果的转化和应用，并帮助他们获得更多的创新机会。

（3）辅以政府项目补贴。为了促进科技型企业的发展，并引导其尽快发展成为高新技术企业，政府应当积极支持其申报各类政府项目。应大力支持科技型企业与高等院校、科研机构进行各种形式的横向合作、产学研合作等，以提升企业的研发能力，为企业转型升级提供有力支撑。通过与知识产权部门的密切合作，积极支持企业参与知识产权贯标、专利申报等活动，并协助企业实施知识产权质押融资补助、质押融资中介服务补助等方式，有效提升企业的核心自主知识产权的数量。

3. 提供高新技术企业培育认定相关服务

为提升科技型企业的核心竞争力，推动高新技术企业的蓬勃发展，要定期不定期地组织"高新技术企业认定培训"活动，邀请主管部门相关业务经办人、专家，甚至长期从事相关服务、熟悉具体工作流程的中介机构，就高新技术企业申请认证的重要性、各项政策、认定条件、申请流程、评审标准、认定过程中的常见问题，以及认定后的优惠奖励政策等进行全面深入的培训。

政府的科技、税务、财政等相关管理部门对高新技术企业的认定条件进行深入分析指导，包括知识产权、研发费用归集、加计抵扣、记账规范和人员管理等方面。通过对历年高新技术企业核查发现的问题进行深入的政策解读，为申请企业提供了有针对性、实用价值和可操作性的意见。对照以往审查中出现的问题，各申请企业应当严格按照高新技术企业认定标准与条件进行认真检查，及时完善材料，以确保达到要求。科技、财政、税务等政府管理部门要积极做好后期辅导和跟踪指导，及时解决申报工作中存在的问题。

（二）提升科技中介服务机构服务质量

进一步加强对科技中介服务机构管理，充分发挥其服务职能，推进高新技术产业发展。为了更好地监管科技中介服务机构，管理部门应制定相关管理办法，加强行业监管，进一步提高科技中介服务机构的专业化服务能力和水平。

第一，完善科技中介服务规范体系建设。为了促进科技中介服务机构市场的良性发展，加强监督管理，政府应当制定及健全对科技中介服务机构的有关政策规范，明确科技中介服务机构的行为规范，并建立完善的信息披露制度，以保证各科技中介服务机构之间在信息获取上的公平、公正。根据不同类型的科技中介服务机构的发展状况和特点，采取有针对性的扶持措施，确定孵化期，并给予适当的支持力度，特别是对于具有较大发展潜力的服务机构，要给予重点支持，以促进其发展，形成良好的龙头示范效应。定期开展绩效评估，对取得显著成效的机构给予奖励，对出现违规违法行为的机构，要从严从重处罚。此外，要加快科技中介服务机构的投融资担保体系建设，切实发挥科技中介服务机构在分散科研风险、促进企业自主创新中的作用。

第二，提升服务机构服务水平。鼓励企业引进高素质、复合型的科技服务人才，并制订有利于他们发展的职业规划。当地政府部门要配套各项人才引进政策，让高水平人才在住房、生活补助等方面获得实惠，安心工作。还应该注重人才培养，为科技中介服务机构的工作人员进行全面的职业技术培训，可以委托专业的培训机构，定期或不定期地开展技术咨询、专利代理、科技金融、技术经纪等方面的培训，以培养一支专业的人才队伍，为企业提供各项科技服务。大力推动服务机构之间开展各种形式的交流活动，互相学习和借鉴，有效整合科技中介服务机构的资源。

第七章 企业生产经营中的法律风险防范

第一节 企业日常营运中的法律风险及防范

一、企业日常营运与企业治理的关系

企业有个人独资企业、合伙企业、有限责任公司、股份有限公司等形式。无论何种形式的企业，都存在管理问题，但治理问题只在"公司"形式的企业中存在，所以，一般地说，企业治理通常专指公司治理。因为在个人独资企业或合伙企业中，企业基本由企业主或执行合伙人个人掌控，它需要自上而下的纵向管理，但无须在几个机构之间横向治理。而在公司中，一般存在股东会、董事会、经理层和监事会几个机构，它不仅需要自上而下的纵向管理，而且需要在几个机构之间横向治理。在公司形式下，企业管理主要体现在经理层的日常营运上，是公司高级管理人员需要重点关注的问题；而企业治理主要体现在股东会、董事会、经理层与监事会之间的权力制衡上，是股东、董事、经理、监事需要重点关注的问题。所以，从公司形式的本质上说，公司治理的重要性要高于公司管理，公司管理只是公司治理大结构中的日常营运环节。

二、与营业执照有关的法律风险及防范

营业执照是一个企业的"身份证"。一个人将自己的身份证借给他人使用会产生什么法律风险，一个企业将自己的营业执照借给他人使用同样也会产生类似的法律风险；一个人超越自己行为能力的行为会产生什么法律风险，一个企业超越自己经营范围的经营同样会产生类似的法律风险。实践中，企业挂靠经营和超越经营范围就是两种最常见的与营业执照相关的法律风险。

（一）企业挂靠经营的法律风险及防范

企业挂靠经营是一种在外部以其他单位的名义进行经营活动，但在内部进行独立核算的经营模式。这种行为通常表现为个人或企业以挂靠国有或集体单位为主，并在建筑领域尤为常见，有时也涉及借用资质进行投标。然而，这种经营方式存在一系列法律风险，需要企业充分了解并采取相应的防范措施。

首先，企业挂靠经营可能面临的法律风险之一是法律责任不明确。由于挂靠行为涉及多个主体，如个人、挂靠单位以及实际经营主体，当发生纠纷时，责任划分可能变得复杂模糊。这可能导致争端需要长时间解决，损害相关各方的权益。

其次，挂靠经营容易引发合同纠纷。由于挂靠单位和实际经营主体之间的关系较为复杂，双方在合同中的权利和义务容易出现模糊不清的情况。一旦发生纠纷，可能导致双方无法达成一致，进而危及合同履行，给企业带来重大损失。

另外，挂靠经营还存在潜在的法律合规风险。在一些情况下，挂靠行为可能违反相关法律法规，例如，财务纪律、税收法规等。企业如果在经营活动中存在违规行为，可能会受到法律制裁，影响企业的声誉和发展。

为了防范这些法律风险，企业应该在挂靠合同中明确双方的权利和义务，确保合同的明晰和具体，减少产生合同纠纷的可能性，企业应当仔细研究并遵守相关法律法规，确保挂靠经营的合法性和合规性。此外，企业在挂靠经营前应进行全面的法律咨询，了解法律责任的划分和可能的法律风险，以制定更为完善的防范措施。

综上所述，企业在进行挂靠经营时应当审慎对待法律风险，加强合同管理，确保合法合规经营，以保障企业的稳健发展。

（二）超越经营范围的法律风险及防范

超越经营范围的法律风险是企业在经营活动中可能面临的重要问题之一。企业的经营范围是其权利和行为的法定边界，一旦企业超越经营范围进行经营活动，将面临一系列法律后果。首先，如果企业在经营范围中涉及国家限制经营或特许经营的业务，而未经批准或许可擅自经营，其行为不仅会被视为无效，而且可能面临严重的行政处罚，甚至刑事处罚。

从法律的角度看，企业经营超越范围可能违反相关法规和规定，导致企业承担法律责任。此外，企业若明知对方经营范围中不包括某项业务，仍然与其进行该项业务的合作，一旦发生损害后果，企业也将根据其过错程度承担相应的法律责任。这可能涉及合同违约、侵权行为等法律问题，对企业的声誉和财务状况都可能造成不可忽视的影响。

为了防范超越经营范围的法律风险，企业首先应当充分了解和明确其经营范围，确保所有经营活动均在法定范围内进行；其次，企业在与其他企业进行业务合作时，应仔细核查对方的经营范围，确保双方的合作业务不会超越法定边界。此外，建议企业建立健全经营范围管理机制，通过有效利用经营范围登记制度，在关联公司之间合理分配法律风险，避免超范围经营引发的法律问题。

综上所述，超越经营范围的法律风险对企业经营活动具有潜在的威胁，因此，企业应当加强法律合规管理，确保经营活动在合法、合规的范围内进行，以保障企业的稳健发展和法律合规性。

三、与印章有关的法律风险及防范

企业印章是代表企业行为的标志和证明，一般包括企业的法定名称章（公章）、冠以企业法定名称的合同、财务、税务、发票等业务专用章以及企业法定代表人和财务负责人的个人名章。在我国法律环境下，企业用印即为做出意思表示，发生法律效力，所以，企业对印章的管理应慎之又慎。企业印章管理主要应把握好以下三个环节：

（一）印章刻制的法律风险及防范

印章作为企业法律事务中不可或缺的工具，在其刻制及使用过程中存在一系列法律风险，需要企业高度重视并采取相应措施进行防范。企业在印章刻制方面应当严格履行法定程序，包括但不限于完成工商注册并获得公安批准。这一步骤的合规性直接关系到印章的合法性，一旦违规操作，可能引发法律责任。为确保程序合法性，企业应妥善保留刻制印章的全部过程材料，如发票或收据，并在工商、税务、银行等相关机构备案印章样式，以备不时之需，例如，证明印章真实性或与相关机构进行印章样式的比对。

为应对假冒印章的风险，企业在印章刻制时可以采取一些额外的防范措施，例如，在印章上设置不易察觉的细微标记。这种标记不仅有助于证明印章的真实性，也增加了对假冒印章的识别难度，提高了印章的安全性。

为防范印章滥用，企业可以在公章之外，刻制部门专用章或业务专用章。通过设立专用章，一方面，企业可以明确内部各部门使用印章的责任，防止公章被滥用；另一方面，业务专用章的使用可以限制对外责任范围，减少企业因印章被滥用而承担概括性责任的机会。这种差异化的印章管理方式有助于提高公章使用的严肃性，降低企业可能面临的法律责任风险。

（二）印章保管的法律风险及防范

印章的保管是企业法律风险管理中至关重要的一环，其合规性直接关系到企业运营的安全性和法律合规性。为防范潜在的法律风险，企业应当在印章保管方面采取一系列切实可行的措施，确保印章的安全性和合法使用。

首先，企业在印章保管方面应设定最高的安全级别标准。这包括确保印章的储存场所具备高度的安全性，例如，采用专门的印章保险柜或保管室，以防止未经授权的人员接触印章。这些安全设施应符合相关法规标准，确保印章在非授权情况下难以被盗用或篡改。

其次，企业应指定两名以上专门负责印章保管的人员，并明确其保管职责。这些人员应当经过严格的背景审查，确保其可信度和责任心。同时，企业应建立详细的保管制度，规定印章的领用、归还、移交等流程，确保每一步都得到记录和监督。通过多人制度和详细的操作规范，能够有效地防范单一人员的滥用或不当操作所带来的潜在风险。

最后，企业还应定期对印章保管场所进行安全检查和监测，确保安全设施的正常运作和印章的完好性。任何异常情况都应及时报告，并采取紧急措施，以防范潜在的风险蔓延。

（三）印章使用的法律风险及防范

印章的使用涉及企业的法律风险管理，为确保印章的合法使用、避免滥用和减少法律责任，企业应采取一系列切实可行的防范措施。

首先，企业在印章使用方面应坚守审批原则。这意味着在用印之前，必须按照公司规定的程序和权限进行审批。为此，企业应根据印章的类型、使用事项等，明确定义审批权限，并实行保管、审批、使用的三分离制度。这样的制度可以有效地避免未经审批的印章使用，确保用印的程序合规性。同时，企业应保存申请、审批、使用的相关记录，这些记录应详细列明申请人、用印事项、用印时间，并进行连续编号，以建立完整的用印档案。

其次，为防范印章的滥用，企业应特别注意禁止在空白纸张上使用印章。这样的规定可以有效防止未经授权的印章使用，防范潜在的滥用风险。在特殊情况下，如果印章需要在保管场所之外使用，必须由专门的保管人员掌控，绝不能将印章交由申请用印人员自行掌控。这一措施有助于确保印章在使用过程中的安全性和可控性，减少潜在的法律风险。

四、与授权有关的法律风险及防范

企业作为一个组织机构，其本身只是一个法律拟制的主体，企业的经营活动只能通过每一个组织成员的行为才能落实，而企业成员的行为必须经过企业的合理授权才能有秩序地开展经营活动，发生法律效力，因此，企业管理在某种意义上就是授权管理。企业作为一个市场主体，其经营活动必然会与其他市场主体发生关系，有时需要通过其他市场主体做出某种行为或完成某种活动，此时也可能存在各种各样的对外授权，不同的授权形成不同的法律关系、产生不同的法律责任，因此，对外的授权管理既是企业对外经营活动的一个组成部分，也是其法律风险管理的一个重要方面。

（一）对内授权的法律风险及防范

企业自成立时起，其法定代表人便自动获得法律授权，全面代表企业行为，无须另行授权。除法定代表人以外的企业成员，需要特定的授权才能代表企业行为，这种授权一般分为以下两种情形。

1. 岗位授权

企业组织内的每一位成员都承担着某一项特定的职能，这种特定的职能附着于特定的岗位，因此，特定岗位的职责描述就是该岗位员工履行职能的依据，其本质就是企业的内部授权。

岗位职责设置科学合理，企业内部才能有序运营，对外也不会出现意思表示自相矛盾或不作为的情况。岗位职责设置重叠或空白，企业内部就可能出现无效劳动或无人负责的情况，从而导致对外做出互相抵牾的行为，或者因不作为而承担法律责任。因此，岗位授权的理想状态是各司其职、无缝衔接，既不冲突又无遗漏。

科学合理地设置岗位职责，主要就是处理好岗位上下左右的关系，即与其上下级岗位之间的权限划分以及与其平行的相关岗位的职责划分。岗位职责权限划分不清晰，还有可能进一步引发劳动争议。

一般来说，企业可以通过在章程中明确规定董事、经理等高级管理人员的权限以及设置并公示明确的岗位职责，适度降低构成"表见代理"的法律风险。另外，作为交易对方，也要认清对方企业人员的岗位职责，不能与对方企业不相关岗位的员工进行交易，比如，请财务部员工验收货物或者请销售部员工验收入库等，以免发生纠纷时举证不力。

2. 业务授权

岗位授权一般是相对稳定的静态授权，而企业的经营状况具体而微且须随机应变，因此，在日常的岗位授权之外，企业需要根据具体业务的需要临时授权或针对某一个项目专门授权。岗位授权一般自员工入职生效至员工离职失效，其权限职责根据岗位职责描述而定；而业务授权则起自员工在职期间的某一个特定时点，终于员工离职或该项授权被明确撤销，其权限职责根据特定的书面授权而定。因此，相对于岗位授权来说，业务授权一般是专门的动态授权。

业务授权最经常发生的场合是在商业谈判和项目管理中。只有经过业务授权，企业员工在商业谈判中做出的承诺、在项目管理中做出的指示、签署的文件等才有效力，所以，在商业谈判和项目管理过程中，首要的就是验证对方参与谈判人员或项目管理人员是否有明确有效的书面授权，否则，谈判或者项目工作就是无效的甚至有可能导致违约或损害的发生。此外，从企业自身来说，由于业务授权是针对特定的具体业务的专项授权，因此，切忌笼统含糊的概括授权，而应当有明确的授权期限和授权事项，以免被授权人超期或越权使用，构成"表见代

第七章 企业生产经营中的法律风险防范

理",给企业带来不必要的法律责任。

(二) 对外授权的法律风险及防范

企业在对外经营过程中,也会对其他企业发生授权,最常见的情形有如下两种:

1. 授权代理

企业授权其他企业以授权企业的名义进行销售或投标等经营活动,授权企业决定销售价格或投标报价、收取款项并承担责任,被授权企业向授权企业收取代理费,此为"授权代理",被授权企业称为"代理商"。在"授权代理"的场合,被授权企业以授权企业的名义行为,行为后果由授权企业承担,这是标准的法律规定的委托代理关系,相关责任划分比较清晰、容易确定。

"授权代理"一般适用于授权企业对被授权企业拥有较强的实际控制力或被授权企业具有较好的市场信用的情况,否则,"授权代理"对授权企业来说具有较大的法律风险和商业风险。

2. 授权经销

企业授权其他企业以被授权企业的名义销售授权企业的产品或在投标活动中使用授权企业的产品,被授权企业自主确定产品销售价格或投标报价,赚取销售价格或投标报价与授权企业对其销售价格之间的差价作为收益,并独立向其客户承担责任,此为"授权经销",被授权企业称为"经销商"。在"授权经销"的场合,被授权企业以其自身名义行为,行为后果由其自身承担,授权企业与被授权企业是买卖合同关系,不构成委托代理关系,各自独立承担责任。

"授权经销"一般适用于授权企业对被授权企业的信用状况不满意或对被授权企业缺乏有效的控制手段的情况,对授权企业而言,"授权经销"的法律风险和商业风险都比"授权代理"要小。随着双方的合作深入持久,授权企业对被授权企业的信用状况逐渐满意或对被授权企业的控制力逐渐增强,"授权经销"也有可能发展为"授权代理";反之,"授权代理"也有可能退化为"授权经销"。

现实中,很多企业分不清"授权代理"与"授权经销"的区别,将二者混为一谈,甚至只知有"授权代理"而不知有"授权经销";而被授权企业从降低自身风险的角度出发，总是倾向于做"代理商"，从而将自己与授权企业的关系确定为"授权代理"，并通过含糊不清的授权证书使得第三人也认为是"授权代理"，从而构成"表见代理"，将自己的行为后果归责于授权企业。

因此，企业除非明确地希望其他企业做自己的"代理商"外，不要随意与其他企业签订《代理协议》、授予其他企业"代理商"的名义，以免稀里糊涂地承担"表见代理"的责任。为此，企业应明确区分《代理协议》和《经销协议》，根据自己的真实意图选择签订；在《经销协议》中应明确被授权企业为"经销商"，与经销商不构成代理关系；给经销商的授权证书应明确为"经销商证书"，而不能称其为"代理商证书"，也不能笼统地称之为"授权证书"；在给招标人的公函中，应明确为授权投标人使用自己的产品，而不能表示为授权投标人代理自己投标。

第二节　企业劳务用工中的法律风险及防范

一、劳务用工中的合同法律风险及防范

（一）明确劳务用工合同的基本条款

第一，如果合同中的条款模糊不清或存在歧义，就容易在用工关系中引发纠纷。为了避免这一问题，企业在起草和签订劳务用工合同时，需要确保合同中的条款具有明确性、清晰度和可执行性。

第二，在合同中，要清晰地规定双方的权利和义务，包括工作职责、工作地点、薪酬待遇、工时安排等方面的具体内容。此外，合同中还应涵盖可能的争议解决机制，以减少在合同执行过程中的法律争端。

第三，及时更新合同。法规和市场环境可能会发生变化，企业需要保持敏感性，及时调整合同条款，确保其与最新的法规要求相符。

（二）明确劳务用工合同的法律地位

不同类型的用工关系在法律上有着不同的地位，而未正确分类可能导致劳动

法等法规的适用错误。因此，在合同中明确定义双方的法律地位，避免在用工关系发生争议时陷入法律泥潭，是企业必须关注的问题。

在合同中，应当明确劳务用工的性质，明确是雇佣关系还是劳务外包关系。这有助于确定适用的法律框架，包括但不限于劳动法、劳务派遣法等相关法规。此外，如果采用了特殊的用工模式，例如，自由职业者或独立承包商，也需要在合同中明确其法律地位和关系，以规避法律风险。

二、劳务用工中的劳动法律风险及防范

在企业劳务用工中，违反劳动法规定可能导致的法律风险是一项常见而且严峻的挑战。劳动法规定了雇佣关系中雇主和雇员的权利与义务，包括但不限于工时制度、工资支付、社会保险等方面的规范。

（一）工时制度与加班管理

劳动法规定了工人的正常工作时间，以及加班的相关规定。企业在用工中需要确保遵循合法的工时制度，避免强制加班或未合理支付加班费用。同时，企业应当建立健全的考勤制度，确保记录的准确性和合规性。为规避工时制度的法律风险，企业可以进行员工培训，让员工充分了解其工作权利和义务。此外，企业还应当建立明确的加班管理制度，确保加班的合法性，并及时支付相应的报酬。

（二）工资支付与福利保障

劳动法规定了工资支付的基本标准，包括最低工资、工资支付周期等要素。企业在劳务用工中必须严格遵守这些规定，确保员工获得合法的工资待遇。此外，社会保险的合规缴纳也是必不可少的一环。为规避工资支付和福利保障方面的法律风险，企业应当建立完善的薪酬体系，确保与法规一致。及时调整工资标准以适应经济环境的变化，并定期进行内部审计，确保社会保险的合规缴纳，是企业规避法律风险的有效手段。

（三）劳动合同签订与解雇程序

在劳务用工中，劳动合同的签订和解雇程序也是法律风险的焦点。企业在与

员工签订合同时，需要确保合同的合法性和有效性。解雇程序应当符合法规，以避免可能的法律争议。为规避劳动合同签订和解雇程序的法律风险，企业可以进行培训，让相关人员了解劳动法的规定。同时，建立健全的用工管理流程，确保合同签订和解雇程序的合法性和公正性，对减少法律争议具有积极的作用。

（四）内部培训与人力资源管理制度

企业应当定期进行内部培训，以确保员工了解并遵守公司的用工政策和劳动法规。这包括对新员工的入职培训，以及对现有员工的定期培训，使他们能够随时了解和适应法规的变化。同时，建立健全的人力资源管理制度也是规避劳动法律风险的关键一环。该制度应当包括用工流程的规范、合理、内部投诉和纠纷解决机制等内容。通过健全的人力资源管理制度，企业能够更加有效地预防和应对劳动法律风险。

三、劳务用工中的税收法律风险及防范

（一）税收合规与计算风险

在劳务用工中，企业需要确保正确计算和支付相关税收，包括但不限于个人所得税、社会保险等。税收计算的准确性直接关系到企业是否符合法规要求，过低的纳税甚至漏报都可能导致严重的法律后果。为了规避税收法律风险，企业首先应当与专业税务机构建立合作关系。专业的税务机构能够提供全面的税收咨询服务，确保企业在计算和缴纳税款时不会出现错误。同时，企业内部的财务人员也需要接受相关培训，了解最新的税收法规和计算方法，以提高内部税收合规水平。

（二）变化中的税收法规与用工结构调整

税收法规的不断变化是企业面临的常态，尤其在劳务用工领域。不同地区和国家可能有不同的税收政策，而这些政策的调整可能对企业产生直接影响。因此，企业需要及时了解并适应税收法规的变化。为了规避税收法律风险，企业需要保持对税收法规的敏感性。建议企业与专业法务顾问保持密切联系，及时获取

有关税收法规的信息，并进行合理的用工结构调整以适应新的法规要求。这可能包括重新评估雇佣形式、合同条款等，以降低税务风险。

（三）内部财务管理体系的建立与优化

建立健全的内部财务管理体系是预防税收法律风险的另一有效手段。这包括确保财务记录的准确性、透明度和合规性。一个完善的内部财务管理体系应当涵盖以下方面：

准确记录和报告财务信息：确保每笔交易都得到准确记录，并在财务报表中进行透明和合规的报告。

稽核和审计：定期进行内部稽核，确保税收计算和报告的准确性。外部审计也可以提供独立的验证，降低企业面临的税收法律风险。

培训内部财务团队：财务团队应当接受培训，了解最新的税收法规和会计准则，以确保他们能够正确理解和应用相关法规。

纳税申报的时效性：确保企业按时申报和缴纳税款，避免因滞纳金和罚款导致的额外财务负担。

通过建立健全的内部财务管理体系，企业能够更好地应对税收法律风险，提高财务合规性，确保企业在用工过程中的稳健经营。

第三节　第三方合作中的法律风险及防范

一、第三方物流企业的法律风险及防范

第三方物流是指企业将一部分或全部的物流活动外包给专业的物流服务提供商，以便更专注于自身核心业务。"随着国民经济制度改革的不断深入，我国经济水平快速提升，各行各业迎来了飞速发展的黄金时期，这也给第三方物流企业

带来了高速发展的契机。"① 第三方物流企业通过整合、管理和执行与货物运输、仓储、配送、信息处理等相关的物流服务，帮助委托方（通常是生产商或零售商）实现供应链的高效运作。这样的外包模式使得企业能够专注于自身的核心业务，同时通过利用第三方物流企业的专业知识和资源，降低物流成本、提高服务水平、提升运营效率。

（一）第三方物流企业的法律风险

第三方物流企业在运营过程中涉及众多法律风险，这些风险可能影响其业务的正常发展与稳定经营。

第一，关于合同法方面的风险，第三方物流企业通常需要与客户签订合同以规范双方的权益和义务。然而，合同的不当执行、解释不一致或合同中存在的漏洞可能导致法律纠纷。因此，在合同起草和履行过程中，第三方物流企业须审慎考虑条款的具体表述，以减少合同纠纷的发生。

第二，由于第三方物流企业在运输、仓储、配送等环节可能涉及货物损失、延误等情况，因此，需要关注运输法律责任。在运输中，货物损坏或丢失可能引起客户索赔，而且在涉及多方的物流链条中，责任的界定可能变得复杂。因此，第三方物流企业需要建立完善的运输保险制度，明确责任划分，以应对潜在的法律纠纷。

第三，第三方物流企业还须注意劳动法方面的法律风险。员工的劳动权益保护是企业的法定义务，包括但不限于合法雇用、工时管理、工资支付等。如果企业在这些方面存在违法行为，将面临劳动法责任的追究，可能导致罚款或其他法律制裁。因此，第三方物流企业在管理员工时，须遵守相关法规，建立健全的人力资源管理制度。

第四，第三方物流企业还须关注信息安全和隐私保护方面的法律风险。随着信息技术的不断发展，物流企业在运营中可能涉及大量客户、供应商等各方的敏感信息。如果企业未能妥善保护这些信息，可能面临法律风险，如个人信息泄

---

① 冯勃. 信息化时代第三方物流企业合同风险管理和控制的优化策略 [J]. 中国管理信息化, 2023, 26 (13): 98.

露、数据被盗用等问题。

（二）第三方物流企业的法律风险防范对策

第三方物流企业在面对多方面的法律风险时，需要采取一系列有效的防范对策以确保业务的稳健经营。

第一，对于合同法方面的风险，企业应加强合同管理，确保合同的明确、完整和可执行性。在合同起草阶段，应谨慎选择措辞，明确定义双方权责，避免出现术语模糊和法律漏洞。同时，建议在合同中设立争议解决机制，如仲裁条款，以减少潜在法律纠纷。

第二，为防范运输法律责任带来的风险，第三方物流企业应建立完善的风险管理体系。这包括规范的货物跟踪系统、高效的仓储管理和严格的运输操作规程。同时，企业需要与承运商建立明确的责任划分，并购买合适的运输保险，以在货物损失或延误时有效应对客户的索赔要求。

第三，在劳动法方面，第三方物流企业应加强对员工权益的保护。制定并执行符合法规的雇佣合同，建立完善的工时管理制度，确保工资支付的透明和及时性。企业还应定期进行员工培训，使员工了解并遵守相关法规，减少因劳动法违规而引起的法律纠纷。

第四，对于信息安全和隐私保护方面的法律风险，第三方物流企业需要建立健全的信息安全管理制度。包括但不限于数据加密、访问控制、网络安全等方面的措施，以防范信息泄露和滥用。企业还应确保遵守个人信息保护法规，明确客户和供应商的信息使用权限，并在合同中约定相关责任和义务。

二、第三方理财机构的法律风险及防范

第三方理财机构是指独立于投资者和投资项目的金融实体，专门提供各类理财产品和服务的机构。这类机构通常不直接与投资项目相关，而是作为中介或托管方，为投资者提供专业的资产管理、投资咨询、风险评估、投资组合构建等服务。

（一）第三方理财机构的法律风险

第三方理财机构在金融市场中扮演着重要的角色，它们为投资者提供了多样

化的投资渠道和专业的理财服务。然而，与其业务的复杂性和高风险性相匹配的是，第三方理财机构所面临的法律风险也越发凸显。在这方面，主要包括合规风险、合同风险和法律责任等方面的问题。

首先，合规风险是第三方理财机构面临的首要法律挑战之一。由于金融市场的监管环境不断演变，这些机构需要不断适应新的法规和政策。未能及时调整业务模式以符合最新法规要求可能导致严重的合规问题，从而面临罚款、停业整顿等惩罚。此外，金融监管机构对于第三方理财机构的监管力度加强，对其合规制度提出了更高的要求，使得这些机构需要不断提升内部合规管理水平，以降低因合规问题而导致的法律风险。

其次，合同风险也是第三方理财机构需要关注的重要方面。在与客户签订理财合同的过程中，如果合同条款不明确或者存在漏洞，可能会导致双方在后续交易中产生纠纷。此外，一些不当的合同条款设计可能被视为违法或不公平，从而引发法律责任。因此，第三方理财机构在设计和签署合同时需要审慎考虑各种可能的法律后果，以避免合同风险带来的法律纠纷。

最后，法律责任是第三方理财机构不可忽视的法律风险之一。在理财过程中，如果机构未能履行其法定义务，如未能谨慎投资、未能提供真实有效的信息披露等，可能会导致投资者的损失，从而引发潜在的法律责任。此外，一些法律纠纷可能涉及多方面的责任，如与投资项目相关的合作方、监管机构等。因此，第三方理财机构需要建立完善的法律风险管理机制，以降低法律责任带来的不利影响。

（二）第三方理财机构的法律风险防范对策

第三方理财机构在面对复杂多变的金融市场和法律环境时，应采取一系列有效的法律风险防范对策，以确保其业务合规性、降低合同风险、减轻法律责任带来的负面影响。

首先，建立健全的合规管理体系是预防法律风险的基础。第三方理财机构应当加强对法规、政策的及时了解和研究，确保业务活动始终符合监管要求。同时，建立专业的合规团队，负责监测和解读法规动态，制定相应的内部合规政策，确保机构的运营与监管要求保持一致。

其次，加强合同管理，规避合同风险。第三方理财机构在设计和签署合同时，应明确合同条款，确保其合法性、公平性和有效性。合同应清晰规定各方的权利和义务，防范因合同不当设计而引发的纠纷。此外，机构还应建立合同管理体系，定期审查合同条款，随时进行修订以适应法规和市场的变化。

再次，强化风险管理和内部控制。第三方理财机构需要建立全面的风险管理框架，包括市场风险、信用风险、操作风险等多个方面。通过建立科学的风险评估和监测机制，及时发现并应对潜在的法律风险。此外，加强内部控制，确保业务运作的透明度和规范性，防范员工的不当行为和内部欺诈。

最后，建立应急响应机制和法律纠纷解决机制。在法律风险发生时，第三方理财机构需要迅速做出应对决策，制定有效的应急预案。成立解决法律纠纷的专业团队，争取通过协商、调解等方式解决争端，避免长期耗费在法律程序上。同时，与法律团队合作，及时获取法律咨讯，确保在法律纠纷中能够有效维护机构的权益。

三、第三方支付平台的法律风险及防范

第三方支付平台是指独立于银行体系的金融服务提供商，通过先进的技术和网络平台，为个人、企业以及其他机构提供在线支付、资金结算、电子钱包管理等金融服务的实体或虚拟机构。这些平台充当资金的中介方，使用户能够在电子商务、线上零售和其他数字化交易场景中进行便捷、安全的支付操作。"互联网科技和电子商务的迅猛发展，第三方支付已然成为人们崭新的支付方式，推动了第三方支付平台广泛应用。第三方支付平台作为交易双方的支付中介，越来越成为现代交易体系中至关重要的角色。"①

（一）第三方支付平台的法律风险

第三方支付平台作为现代金融体系中的重要组成部分，在为人们提供便捷支付服务的同时，也面临着诸多法律风险。

首先，随着第三方支付的不断发展，相关法规和监管政策逐步完善，但仍存

---

① 黄炳兰. 关于第三方支付平台的账务处理问题研究 [J]. 中国储运，2023（12）：205.

在一定的法律不确定性。例如，支付行业的监管法规在不同国家和地区存在差异，这使得跨境支付服务面临复杂的法律环境，可能导致合规问题。

其次，第三方支付平台牵涉到大量用户的资金往来，因此，支付安全和个人隐私保护成为法律关注的焦点。支付平台需要建立健全的安全机制，以防止数据泄露和资金失窃等风险。此外，合规的用户身份验证和反欺诈措施也是法律要求的重要方面，确保交易的真实性和合法性。

再次，由于第三方支付平台通常与多家金融机构和商户合作，涉及的合同关系复杂多样，这就需要支付平台仔细规划合同条款，以规避潜在的法律纠纷。合同中的服务条款、费用结构以及责任划分等内容都需要明确规定，以保障各方的权益，并避免因合同模糊而引发的法律风险。

最后，涉及跨境支付的第三方支付平台还须面对国际贸易法、外汇管理法等多领域法规的约束，确保合规经营。同时，支付平台需要密切关注国际政治、经济等因素的变化，及时调整经营策略，以降低外部环境变化带来的法律风险。

(二) 第三方支付平台的法律风险防范对策

第三方支付平台在运营过程中，面临着多方面的法律风险，为了保障合规经营和用户权益，采取有效的法律风险防范对策至关重要。

支付平台应积极主动地关注并遵守当地和国际的金融法规。建立专业法务团队，定期审查并更新公司的合规政策，以确保业务的合法性和透明度。及时了解和适应各地法规的变化，确保平台在不同国家和地区均能符合相关法规要求，降低因法律变化而带来的合规风险。

支付平台需要加强用户数据保护措施，遵循隐私法规，确保用户信息的合法采集、使用和保护。建立健全的信息安全管理体系，包括数据加密、访问控制、安全审计等措施，以防范潜在的数据泄露和侵犯用户隐私的法律纠纷。

在交易安全方面，支付平台应加强反欺诈技术的研发和应用，建立高效的风险监控系统。通过大数据分析、人工智能等技术手段，实现对异常交易和欺诈行为的实时监测和预警，及时采取相应措施，保障支付平台的安全稳健运营。

支付平台在合同管理上也应精心设计和维护与合作伙伴之间的合同，明确各方的权利和义务，规避合同争议的发生。合同中应包含详细的服务条款、费用结构、违约责任等内容，保证合同的清晰度和可执行性。

对于跨境支付，支付平台须深入研究和遵守相关国际贸易法、外汇管理法等法规，确保跨境业务的合法性和合规性。积极与国际监管机构合作，参与行业自律组织，提高公司在国际市场的法律风险防范水平。

参考文献

[1] 白佳卉. 浅析民间融资的发展 [J]. 品牌, 2014 (10)：76.

[2] 陈丽艳, 岳芸竹. 基于知识产权管理的职业院校教师科技创新能力发展研究 [J]. 现代职业教育, 2024 (01)：173-176.

[3] 陈爽. 劳动密集型企业人力资源管理法律风险对策研究 [J]. 长白学刊, 2010 (6)：73-77.

[4] 代二利. 基于企业战略的人力资源规划探析 [J]. 活力, 2022 (07)：148-150.

[5] 法文玲. 企业知识产权管理的困境与出路 [J]. 中国商界, 2023 (12)：205.

[6] 范蕾, 梁康, 李妍. 构建知识产权多层次网格化管理体系 [J]. 企业管理, 2023 (12)：58-62.

[7] 方俊棋. 第三方支付平台的规范发展 [J]. 中国电信业, 2022 (10)：36-39.

[8] 费开智. 深化知识产权综合管理 助力优化营商环境 [J]. 中国行政管理, 2023, 39 (05)：39-46.

[9] 冯勃. 信息化时代第三方物流企业合同风险管理和控制的优化策略 [J]. 中国管理信息化, 2023, 26 (13)：98.

[10] 汉井文. 浅析我国企业法律风险管理与体系构建 [J]. 公关世界, 2020 (10)：91.

[11] 何光明. 企业经营风险控制视角下的法律人力资源外包 [J]. 中国商贸, 2011 (24)：44-45.

[12] 何熠英. 企业合同管理系统的设计与实现 [J]. 质量与市场, 2023 (10)：169-171.

[13] 贺小刚, 刘丽君. 人力资源管理 [M]. 上海：上海财经大学出版社,

2015：12.

[14] 黄炳兰. 关于第三方支付平台的账务处理问题研究 [J]. 中国储运，2023（12）：205.

[15] 季娜. 如何化解企业合同管理中的法律问题 [J]. 中国商界，2023（11）：176.

[16] 金银. 面向开放式创新的设计企业知识产权管理模式 [J]. 科技管理研究，2023，43（10）：165-171.

[17] 雷海涛. 企业知识产权科学管理浅析 [J]. 安徽科技，2023（10）：44-46.

[18] 李焱栩. 企业财务管理对企业经营风险的影响 [J]. 现代企业文化，2023（6）：25-27.

[19] 李宗泽. 国有企业法律风险防范体系的构建方法 [J]. 法制与社会，2020（32）：133.

[20] 刘晴，吴晓玥，张丽芸，等. 智能化模式下企业合同管理系统的优化 [J]. 企业科技与发展，2022（07）：70-72.

[21] 龙婕. 企业合同管理内部控制存在的问题与优化措施——以 C 物流公司为例 [J]. 中国储运，2022（07）：94-95.

[22] 梅锋，张潇，战杰. 科技型企业共有知识产权管理研究 [J]. 山东电力高等专科学校学报，2023，26（06）：77-80.

[23] 宋继伟，陈胜利. 我国第三方支付平台金融风险测度及实证分析 [J]. 财务与金融，2022（06）：45-51+66.

[24] 唐波. 浅谈企业合同管理风险分析与防范 [J]. 上海商业，2023（02）：176-178.

[25] 唐秋艳. 浅议企业财务管理价值观在财务管理中的应用 [J]. 商场现代化，2015（29）：176.

[26] 王华华. 企业人力资源管理外包风险及其防范 [J]. 中国商论，2016（5）：46-48.

[27] 王建国. 现代企业法律风险防范体系研究 [M]. 郑州：河南人民出版社，2018.

[28] 王天蔚，欧阳捷. 第三方支付中消费者权益保护问题研究 [J]. 中国信用，

2023（11）：111-115.

［29］王玉霞. 浅析合同管理在国有企业管理中的重要作用［J］. 上海商业，2022（12）：169-171.

［30］王智慧. 第三方支付平台监管改进路径研究［J］. 江苏商论，2023（01）：32-34+39.

［31］王梓栋. 第三方物流仓储的法律风险与对策研究［J］. 物流科技，2022，45（18）：3-5.

［32］席颖. 企业合同管理法律风险识别与防范措施［J］. 法制博览，2023（07）：43-45.

［33］徐东星. 刍议企业知识产权管理［J］. 质量与市场，2023（12）：4-6.

［34］燕靖宜. 企业合同管理中的供应商选择和评价［J］. 上海商业，2023（09）：167-169.

［35］杨麒伊. 第三方物流企业经营管理中的突出问题［J］. 中国航务周刊，2023（21）：67-69.

［36］姚彬. 企业法律风险防范与体系建设研究［J］. 现代企业文化，2021（23）：63-64.

［37］姚力. 企业合同管理内部控制存在的问题及对策［J］. 中国乡镇企业会计，2023（07）：142-144.

［38］姚兴华. 企业人力资源管理中的法律风险管控［J］. 企业经济，2018（11）：149-153.

［39］张洪梅. 强化知识产权管理 赋能高质量发展［J］. 中国电力企业管理，2023（33）：10-11.

［40］张琳. 企业合同管理对经济市场的影响分析［J］. 现代企业，2023（08）：15-17.

［41］张现锋. 互联网融资模式思考［J］. 合作经济与科技，2023（19）：55.

［42］张延栓. 论企业人力资源租赁中的法律风险防范［J］. 中国商贸，2011（20）：231-232.

［43］赵静. 论企业财务法律风险与防范［J］. 鄂州大学学报，2012，19（01）：32.

参考文献

[44] 邹彤雯. 大数据环境下知识产权管理的改革路径 [J]. 黑龙江科学，2023，14（19）：154-155.

[45] 郑力祥. 第三方支付平台风险管控策略研究——以支付宝为例 [J]. 企业改革与管理，2023（02）：59-61.

[46] 郑毅仙，丁艳. 大数据背景下第三方物流企业发展对策研究 [J]. 中国储运，2023（02）：124-126.

[47] 朱虹. 企业合同管理中的风险控制要点研究 [J]. 财经界，2023（24）：36.